TEXTE UND MATERIALIEN
FÜR DEN UNTERRICHT

Kreatives Schreiben

111 Übungen

Von
Mario Leis

Mitarbeit:
Andrea Bahrenberg
Beate Christmann
Judith Voss

Reclam

RECLAMS UNIVERSAL-BIBLIOTHEK Nr. 15228
2006 Philipp Reclam jun. GmbH & Co. KG,
Siemensstraße 32, 71254 Ditzingen
Druck und Bindung: Canon Deutschland Business Services GmbH,
Siemensstraße 32, 71254 Ditzingen
Printed in Germany 2017

ISBN 978-3-15-015228-7

www.reclam.de

Inhalt

Teil II: Dramatisches

Teil III: Lyrisches

Teil IV: Journalistisches

Vorwort

»Schriftsteller fallen nicht vom Himmel.«
(Hans Werner Richter)

Die hier versammelten Schreibübungen wollen in erster Linie die kreative Schreibkompetenz der Schüler fördern, denn nicht selten kommt der kreative und produktionsorientierte Umgang mit Literatur im Unterricht zu kurz. Darüber hinaus kann das Bändchen aber auch in Schreibkursen, Workshops und für Übungen im autodidaktischen Bereich als Anregung dienen.
Gerade Schüler, die mit der analytischen Arbeit Schwierigkeiten haben, können oftmals über das kreative Schreiben für das Fach Deutsch begeistert werden. Die Fähigkeit, sich auszudrücken, wird gefestigt, auch wächst das Vertrauen, sich über Literatur zu äußern. Durch eigenes Schreiben können Schüler Sensibilität für die Machart eines Textes entwickeln und entdecken, dass Gedichte, Romane oder Novellen keine spontanen, mehr oder weniger unüberlegten Einfälle eines Autors sind, sondern durchkomponierte Strukturen aufweisen.
Wir bieten ›Handwerksmaterial‹ für Lehrer und Schüler an, um die Schreibkompetenz zu trainieren; in vier Kapiteln (Erzählendes, Dramatisches, Lyrisches und Journalistisches) werden 111 Übungen für die Schreibwerkstatt in der Sekundarstufe I und II vorgestellt.

Teil I: Erzählendes

(1) Detektivgeschichte

Einsatz: Unter-, Mittel-, Oberstufe
Arbeitsform: Einzelarbeit
Zeit: Eine Doppelstunde
Material: Stift und Papier

Sicher habt ihr schon einmal einen spannenden Krimi gelesen, den ihr gar nicht mehr aus der Hand legen wolltet. Nun ist es an euch, eine kurze Detektivgeschichte zu verfassen. Im Folgenden werden sechs Personen vorgestellt, die in eurer Geschichte vorkommen sollen:

- Inspcktor Neusüß (59): Er arbeitet schon seit einigen Jahren bei der Polizei und kann auf allerhand Erfahrung zurückgreifen. Er kennt die Beteiligten und hat daher ihnen gegenüber keine Vorurteile.
- Sarah Finelli (64): Sie kommt ursprünglich aus Italien, lebt aber schon lange in Deutschland. Ihre Familie verdient schon seit vielen Jahrzehnten mit dem Weinbau ihren Lebensunterhalt. In der Pfalz bewirtschaftet Sarah Finelli einen großen Weinberg. Sie steht kurz vor dem Ruhestand und überlegt daher, wem sie das Unternehmen vermachen soll. Als emanzipierte Frau will sie es ihrer ältesten Tochter Vega überschreiben. Ihr Sohn Marcello soll eine gute Abfindung erhalten.
- Vega Finelli (28): Sie wäre bereit, den Betrieb zu übernehmen, noch viel lieber würde sie allerdings ihren gelernten Beruf als Lehrerin ausüben.
- Jan Scherke (30): Vegas Mann möchte das Weingut unbedingt erben. Deswegen hat er Vega auf schnellstmöglichem Wege im vergangenen Jahr geheiratet.
- Marcello Finelli (25): Er ist ein richtiger Weinkenner und lebt für das Familiengeschäft. Daher fühlt er sich

dazu berufen, das Weingut zu erben. Er scheut keine Mittel, um sein Ziel zu erreichen und seine Mutter davon zu überzeugen.
- Martha Campari (50): Als Köchin ist sie die gute Seele des Hauses und die Vertraute aller beteiligten Personen.

Zuerst sollt ihr euch überlegen, wie die Personen sich verhalten. Ihr könnt euch an folgenden Fragen orientieren:

- Was muss geschehen, damit eine Detektivgeschichte entstehen kann? Jemand muss zum Beispiel eine kriminelle Handlung vollziehen, die der Detektiv aufklären soll.
- Wer soll der Täter sein und was hat er verbrochen?
- Was hat den Täter zu dieser Tat verleitet?
- Wie kommt der Inspektor dem Täter auf die Spur?
- Was tragen die anderen Figuren zur Klärung des Falles bei?
- Wie könnt ihr die verschiedenen Charaktereigenschaften der Figuren überzeugend in den Text einbauen?
- Was passiert neben der Handlung des Kriminalfalls? Verlieben sich zum Beispiel bestimmte Personen ineinander?

Beantwortet die Fragen zunächst in Stichpunkten und überlegt dann, wie die Geschichte beginnen soll: mit einer spannenden Schilderung des Verbrechens oder dessen Folgen? Mit einem Konflikt zwischen den Personen?
Nachdem ihr einen guten Einstieg verfasst habt, müsst ihr überdenken, wie die Geschichte weitergehen und enden soll.

Andere Möglichkeiten für die Handlung:

- Eine Person begeht ein Verbrechen, da sie auf jemand anderen eifersüchtig ist und ihren Partner nicht verlieren will.
- Jemand bestiehlt eine andere Person, ein Detektiv muss herausfinden, wer es war.

- Jemand versucht, einen Menschen aus dessen Haus zu vertreiben, da er es selbst bewohnen möchte. Was lässt er sich einfallen, um den anderen in Angst und Schrecken zu versetzen?
- Jemand schmuggelt Diebesgut und verkauft es in der Stadt. Wo versteckt er die Ware und wie bringt er sie an den Mann? Wie kommt der Inspektor hinter sein Geheimnis?

(2) Am Anfang war das Gedicht

Einsatz: Mittel-, Oberstufe
Arbeitsform: Einzelarbeit
Zeit: Eine Doppelstunde
Material: Stift und Papier, Gedichtbände

Sucht euch ein Gedicht aus, in dessen Mittelpunkt Menschen stehen und das als Ausgangspunkt für eine neue Geschichte dienen soll. Dazu müsst ihr zunächst herausfinden, worum es in dem Gedicht geht, ihr sollt es also interpretieren. Überlegt euch nun, welche Besonderheiten des Inhalts und welche Figuren ihr für eure Geschichte übernehmen wollt. Wenn ihr euch für eine Erzählperspektive entschieden habt (auktorialer Erzähler oder Ich-Erzähler), könnt ihr mit dem Schreiben beginnen.

Hier zwei Gedichte zur Auswahl:

KARL KROLOW

Gedicht für J. S.

Auf dem Dezember-Bahnsteig in der ersten Stunde
nach Mitternacht
Dein Bild in die Kälte geschnitten,
Mit hellem Mantel, den Schal übers Haar getan,
Und einem im Abschied leuchtenden Gesicht!

Ich erfinde dich noch einmal im Augenblick der
Trennung,
Dunkel vor Zärtlichkeit und dem Verlangen nach
Glück,
Mit einer von Zuneigung leisen Stimme
In der winterlichen Frostluft.

Ich erfinde dich noch einmal: geschaffen nun,
Um mit mir zu gehen, einem anderen:

Mann im hochgeschlagenen Mantelkragen,
Der das Fenster im Fernzug-Abteil herunterläßt und
winkt.

Du bleibst zurück, auf Fluten grauen Windes treibend,
Zurück mit Umarmung und Kuß und dem Geruch
deiner Haut.

Das schwarze und weiße Schachbrett der Schneenacht
Liegt über deinem Gesicht; und ich weiß,
Daß nichts an dir für mich bestimmt ist.[1]

JOHANN WOLFGANG GOETHE

Rastlose Liebe

Dem Schnee, dem Regen,
Dem Wind entgegen,
Im Dampf der Klüfte,
Durch Nebeldüfte,
Immer zu! Immer zu!
Ohne Rast und Ruh!

Lieber durch Leiden
Möchte ich mich schlagen,
Als so viel Freuden
Des Lebens ertragen.
Alle das Neigen
Von Herzen zu Herzen,
Ach wie so eigen
Schaffet das Schmerzen!

Wie soll ich fliehen?
Wälderwärts ziehen?
Alles vergebens!
Krone des Lebens,
Glück ohne Ruh,
Liebe, bist du![2]

(3) Ein Märchen schreiben

Einsatz: Unter-, Mittelstufe
Arbeitsform: Einzelarbeit
Zeit: Eine Doppelstunde
Material: Stift und Papier, Märchenbuch

Einige Merkmale von Märchen sind euch allen bekannt: Oft fehlen bestimmte Zeit- und Ortsangaben; es heißt zum Beispiel »Es war einmal« und »in einem fernen Land«. Es gibt gute und böse Menschen, ferner Fantasiewesen wie Hexen und Feen. Der Märchenheld muss oft Abenteuer bestehen. Naturgesetze können aufgehoben werden und Wunder sind erlaubt, am Ende siegt meist das Gute über das Böse.

Nun gibt es mehrere Möglichkeiten, sich an die literarische Form des Märchens schreibend heranzutasten. Ihr könnt ...

... ein bekanntes Märchen umschreiben:
Sucht euch ein Märchen aus und lest es genau. Die Märchenheldin oder der Held könnten zum Beispiel in die Gegenwart versetzt werden. Was erlebt sie oder er dort, welche Aufgaben müssen sie nun lösen?
Bei dieser Übung könnt ihr auch die sprachliche Gestaltung des bekannten Märchens verändern: Vom modernen Sprachstil über eine bildreiche Sprache bis hin zur Umgangssprache ist alles erlaubt.

... ein Märchen nach Reizwörtern schreiben:
Ihr sollt jeweils drei vorgegebene Reizwörter in euer Märchen integrieren. Überdenkt auch hier, wer der Held sein soll und welche Person das Böse verkörpert. Wer kommt der guten Figur zu Hilfe und wie überlistet sie das Böse?

Mögliche Reizwörter:

- Zauberpony – Stiefmutter – Prinzessin
- Rabe – Zauberpuppe – Hexe
- verwunschener Prinz – Schlange – Riese
- Brunnen – Superauto – armes Mädchen
- Zauberblume – alter Vater – vergiftete Stifte

… von einem vorgegebenen Märchenanfang ausgehend das passende Ende dazu schreiben.

… nach vorgegebenen Begriffen schreiben. Dazu schreibt jeder von euch jeweils einen Begriff zu den Kategorien ›Märchenfigur‹, ›Schicksalsschlag‹, ›Ort‹ und ›Zaubergerät‹ auf einen eigenen Zettel. Diese werden in Lostöpfen gesammelt, und jeder Schüler zieht von jeder Kategorie einen Zettel. Anhand dieser Begriffe schreibt ihr nun euer Märchen.

… euch ganz alleine ein Märchen ausdenken, und zwar ohne Hilfsmittel, im Mittelpunkt des Schreibens steht eure Fantasie.

(4) Eine Geschichte zu Ende erzählen

Einsatz: Mittel-, Oberstufe
Arbeitsform: Einzelarbeit
Zeit: Eine Doppelstunde
Material: Stift und Papier, Anfangspartien von Geschichten

Ein gutes Ende zu schreiben bedarf einiger Übung und guter Ideen. Hier sollt ihr es üben. Einer der Anfänge von den vier folgenden Geschichten könnte als Ausgangspunkt dienen. Ihr sollt nun eine davon zu Ende erzählen. Versucht auch, den Stil des Autors in eurer Weitererzählung zu imitieren.

Anfänge von:

- Heinrich Böll, *An der Brücke*
- Franz Kafka, *Auf der Galerie*
- Alfred Döblin, *Die Ermordung einer Butterblume*
- Heinrich Kleist, *Michael Kohlhaas*

Hier der Anfang von Kleists Text:

An den Ufern der Havel lebte, um die Mitte des sechzehnten Jahrhunderts, ein Roßhändler, namens *Michael Kohlhaas*, Sohn eines Schulmeisters, einer der rechtschaffensten zugleich und entsetzlichsten Menschen seiner Zeit. – Dieser außerordentliche Mann würde, bis in sein dreißigstes Jahr für das Muster eines guten Staatsbürgers haben gelten können. Er besaß in einem Dorfe, das noch von ihm den Namen führt, einen Meierhof, auf welchem er sich durch sein Gewerbe ruhig ernährte; die Kinder, die ihm sein Weib schenkte, erzog er, in der Furcht Gottes, zur Arbeitsamkeit und Treue; nicht einer war unter seinen Nachbarn, der sich nicht seiner Wohltätigkeit, oder seiner Gerechtigkeit erfreut hätte; kurz, die Welt würde sein Andenken haben segnen müssen, wenn er in einer Tugend nicht ausgeschweift hätte […].[3]

Andere Möglichkeiten:

- Den Anfang zum Schluss: Bei dieser Übung liegt euch das Ende einer Geschichte vor. Ihr sollt nun den Anfang dazu verfassen. Ihr könnt euren Lehrer nach einer geeigneten Geschichte fragen oder ihr wählt eine aus eurem Deutschbuch aus und schaut euch den Anfang nicht an.
- Den Mittelteil einer Geschichte dürft ihr lesen, um dann dazu einen Anfang und ein Ende zu schreiben. Auch hier kann euch euer Lehrer Erzählungen zur Auswahl geben.
- Ihr schreibt jeweils eine Geschichte, in der eine Person mit einem inneren Konflikt zu kämpfen hat oder mehrere Personen einen Streit miteinander haben. Dabei beschreibt ihr nur die Konfliktsituation. Reicht im Anschluss daran die Geschichte an euren Nachbarn weiter, der nun über das Ende der Handlung entscheiden soll.

(5) Vorgegebener Anfangssatz

Einsatz: Unter-, Mittel-, Oberstufe
Arbeitsform: Einzelarbeit
Zeit: Eine Stunde
Material: Stift und Papier

Bei dieser Übung ist der Satz, der den Anfang eurer Geschichte darstellt, vorgegeben. Auf dieser Basis sollt ihr eine Handlung erfinden. Baut auch Dialoge in eure Erzählung ein, so dass die Personen und die Geschichte lebendiger wirken. Beschreibt, was die Figuren fühlen. Haben sie Angst, freuen sie sich, sind sie in Sorge?

Hier verschiedene Möglichkeiten für einen ersten Satz:

- Als das Auto den Berg rückwärts herunterrollte …
- Draußen brüllte jemand laut und in meinem Zelt stieg der Wasserspiegel …
- Ich hätte besser im Mittelalter leben sollen, dann …
- Immer wenn ich meinen Schlüssel verliere, …
- Die Sonne schien mir ins Gesicht, …
- Plötzlich fiel ein ohrenbetäubender Schuss, der …
- Der Hase hatte keine Chance …
- Der Marathonläufer sah schon das Ziel vor Augen, da …
- Es war schon spät, als ich in Köln mit dem ICE ankam …
- Immer wenn der Ritter in meinen Träumen erscheint …
- Als Albert Einstein zusammen mit mir …
- Der schwarze Kater schrie plötzlich fürchterlich laut …
- Nach Schulschluss traf ich im Fahrradkeller einen Marsmenschen …
- Der Urlaub war schön, weil …
- Plötzlich stand ein Löwe vor mir …

(6) Homonym-Geschichte

Einsatz: Mittel-, Oberstufe
Arbeitsform: Einzelarbeit
Zeit: Eine Stunde
Material: Stift und Papier, Homonymwörterbuch

Jeder von euch soll sich ein Homonym (Wort, das für verschiedene Begriffe stehen kann) in einem Homonymwörterbuch oder im Internet (http://www.wispor.de/wpxteek.htm) suchen. Dieses Wort soll sowohl im ersten als auch im letzten Satz eurer kurzen Geschichte vorkommen. Dabei soll das Homonym zuerst in der einen Bedeutung, dann in der anderen verwendet werden. Du musst dir überlegen, wie du beide Begriffe in einen sinnvollen Zusammenhang bringen kannst.

Beispiele für Homonyme:

- Bank: Kreditinstitut, Sitzgelegenheit
- Schloss: Türschloss, Gebäude
- Heide: Nichtchrist, unbebautes Land
- Tau: Niederschlag, Seil
- Reif: Ring, gefrorener Tau
- Lehre: Berufsausbildung, Messinstrument
- Kiefer: Knochen, Baum
- Ball: Spielzeug, Tanzveranstaltung
- Bauer: Landmann, Vogelkäfig
- Mutter: Teil einer Schraube, nahe Verwandte
- Läufer: Sportler, Teppichart
- Hahn: Zapfgerät, Tier

(7) Die Sinne erfassen

Einsatz: Mittel-, Oberstufe
Arbeitsform: Einzelarbeit
Zeit: Eine Stunde
Material: Stift und Papier

Die Beschreibung von Düften, Geschmäcken und Geräuschen hilft dem Leser, sich besser in eine Erzählung einzufühlen, da die Geschichte so auch sinnlich für ihn nachvollziehbar ist. Zu einem vorgegebenen Thema sollt ihr eine Geschichte schreiben und dabei alle eure Sinne berücksichtigen.

Schreibt eine Erzählung zum Thema »Der Restauranttester«. Er prüft sämtliche Gastronomiebetriebe der Stadt auf ihre Qualität. An einem Tag schafft er es, die Mahlzeiten von drei Restaurants zu testen. Nach dem Essen muss er einen Bericht darüber anfertigen. Überlegt, welches Gericht ihm der jeweilige Chefkoch anbietet, und beschreibt seinen Geschmack, Duft sowie sein Aussehen. Außerdem beschreibt das Lokal, und zwar so, dass der Leser es sich gut vorstellen kann. Welche Musik läuft dort oder wird sie von dem Geplauder der Gäste übertönt? Wie ist das Restaurant eingerichtet? Selbstverständlich könnt ihr die Geschichte mit bunten Details anreichern: Was beobachtet, was erlebt der Tester bei seinen Restaurantbesuchen?

Andere Möglichkeit:

Schreibt eine Geschichte, die sich in eurem Ort ereignet. Dazu sollt ihr euch eine Stelle auswählen; diese beobachtet ihr genau und macht euch dazu Notizen. Wie sehen die Häuser aus? Achtet darauf, was man sonst noch sieht, wenn man an der Stelle vorbeigeht, wie zum Beispiel Grünflächen oder einen Brunnen. Gehen dort Menschen spazieren? Haben sie es eilig oder ist der Ort eher ein Platz zum Ausruhen? Welche Kleidung tragen die Personen? Notiert, was für Geräusche ihr hört, zum Beispiel Vogelgezwitscher, Kirchenglocken oder Autos.

Nachdem ihr diesen Ort ganz genau erfasst habt, sollt ihr überlegen, wie ihr ihn zum Schauplatz einer Geschichte machen könntet. Was soll sich dort abspielen? Wenn es ein Park ist, könnte zum Beispiel eine Familie dort picknicken. Was erlebt sie dabei und worüber unterhält sie sich? Der Hund könnte weggelaufen sein oder ein kleines Mädchen fällt in den Fischteich …

(8) Der Landschaftsüberblick

Einsatz: Unter-, Mittel-, Oberstufe
Arbeitsform: Einzelarbeit
Zeit: Eine Stunde
Material: Stift und Papier, Landkarte der Region

Euer Lehrer heftet eine Landkarte der Region an eine Pinnwand und steckt in 5-km-Abständen Stecknadeln hinein. Jeder von euch soll sich nun eine Stecknadel bzw. einen Ort aussuchen. Stellt euch nun vor, was ihr von diesem Standpunkt aus sehen würdet. Wie sieht die Landschaft aus, welche Gebäude stehen dort? Seht ihr in der Umgebung Menschen oder Tiere? Womit sind sie beschäftigt? Fixiert eure Gedanken zunächst stichpunktartig, danach schreibt eine Erzählung zu dem ausgewählten Standort, sie soll nicht länger als zwei Seiten sein.

(9) Vorgegebenes Thema

Einsatz: Mittel-, Oberstufe
Arbeitsform: Gruppenarbeit
Zeit: Eine Stunde
Material: Stift und Papier

Setzt euch zu viert zusammen, ihr sollt eine Geschichte zu vorgegebenen Themen verfassen, die jeweils dreißig Zeilen lang ist.

Themen:

- Stromausfall
- Einsame Insel
- Der Fleck auf dem Teppich
- Ein Zirkusabend
- Ferien auf dem Bauernhof
- Ein Besuch im Zoo

Ihr greift eine kurze Szene aus eurer fertigen Geschichte heraus. Im Anschluss wählt jeder von euch ein Material aus. Dieses kann ganz allgemein ausgewählt werden: Es ist hart, weich, flüssig, kratzig oder glatt. Ihr könnt es aber auch präziser bestimmen, zum Beispiel Holz, Stahl, Gummi, Quecksilber oder Kork. Die Eigenschaften des Materials sollen nun in einem zweiten Schritt so von jedem Einzelnen in die Geschichte integriert werden, dass sie in jedem Satz eine Rolle spielen. So entstehen aus der Geschichte der Gruppe vier Variationen.
Schließlich tragen die Gruppenmitglieder ihre Geschichte, die viermal ganz anders erzählt wird, vor.

Beispiel:

Erste, in Gruppenarbeit verfasste Sequenz zu dem Themenbereich ›zwei Kühe‹:
Auf einer grünen Wiese standen zwei Kühe, die ihr Mit-

tagessen zu sich nahmen: frisches, saftiges Gras. Die Wiese wurde von einem Fluss geteilt. Ein kleiner Junge spielte am Ufer mit Schiffchen. Er setzte sie ins Wasser und beobachtete, wie sie untergingen.

Material: flüssig

Eine Wiese hatte sich auf dem Meeresgrund gebildet, das Gras bewegte sich mit der Strömung. Zwei Kühe tranken das nasse, saftige Gras genüsslich. Die Wiese wurde durch eine Rinne geteilt. Ein kleiner Junge im Taucheranzug spielte an der Rinne mit Schiffchen. Er setzte sie hinein und beobachtete, wie sie nach oben trieben und die Fische vor ihnen erschraken.

Material: trocken

Auf einer braunen, ausgedorrten Wiese standen zwei Kühe, die versuchten, das knochentrockene Gras zu fressen. Ihre Mäuler waren blutig, da sich ihre Haut an der staubig-steinigen Erde aufschürfte. Die Wiese wurde von einem Flussbett geteilt, worin kein Wasser mehr floss. Ein kleiner, dünner Junge hockte sich an das Flussbett. Er konnte nicht sitzen, so dünn war er; das Sitzen hätte ihm wehgetan. Er setzte sein hölzernes Schiff in das Flussbett und zog es an einer Leine vorwärts.

(10) Klangerzählung

Einsatz: Unter-, Mittelstufe
Arbeitsform: Gruppenarbeit
Zeit: Eine Stunde
Material: Stift und Papier

Nicht nur in der Musik, sondern auch in der Poesie ist der Klang ein bedeutendes Kriterium für einen guten literarischen Text. Hier könnt ihr üben, lautmalerische Elemente in eine Erzählung einzufügen.
Ihr sollt zu dritt einen Text zu Themen wie Verliebtsein, Krach mit den Eltern, Prüfungsstress, Wut, Zahnarztbesuch oder Faulenzen schreiben. Die Geräusche, die in eurer Geschichte vorkommen, sollt ihr so anschaulich wie möglich in Worte fassen.
So hört ihr vielleicht beim Verliebtsein Vogelgezwitscher, vielleicht spielen auch Geigen: »… fidelfidel und zwitscherzwitscher, für Johanna war die Welt so schön …«. Es gibt jede Menge lautmalerischer Wörter: blöken, quaken, quietschen, zischen, schnurren, plätschern, surren, brummen, Kuckuck und Kikeriki …

(11) Bildergeschichte

Einsatz: Unter-, Mittel-, Oberstufe
Arbeitsform: Einzel-, Gruppenarbeit
Zeit: Zwei Doppelstunden
Material: Stift und Papier, Bildvorlagen

Der Ausgangspunkt für eure Geschichte soll ein Bild sein.

Erste Möglichkeit:

Nachdem ihr ein Bild zwei Minuten betrachtet habt, soll jeder sofort niederschreiben, was ihm zu dem Bild einfällt. Dabei kann die Syntax vernachlässigt werden, wenn es euch hilft, im Fluss zu bleiben. Das so genannte »automatische Schreiben« bringt mehr von euren unterbewussten Gedanken ans Licht.

Zweite Möglichkeit:

Bringt verschiedene Fotografien, auf denen eine Person im Mittelpunkt steht, in den Unterricht mit. Diese Bilder werden wie bei einem Kartenspiel gemischt, jeder von euch wählt sich eine aus und schreibt in der Ich-Form eine Charakterisierung der abgebildeten Person. Ihr denkt euch zum Beispiel aus, welchen Beruf sie ausübt, was ihre Vorlieben sind und was sie nicht mag. Jeder liest am Ende seine Personenbeschreibung vor.
Anschließend steht eine Gruppenarbeit auf dem Programm: Jeweils vier der beschriebenen Figuren sollen sich an einem Ort treffen. Wo dieser Treffpunkt ist und wie er aussieht, bestimmt ihr in Vierergruppen gemeinsam. Nun macht ihr Vorschläge, was die einzelnen Figuren an diesem Ort machen: A verliebt sich in B, C ermordet A, B hintergeht D usw. Nachdem ihr stichpunktartig in eurer Gruppe einen Verlaufsplan für die Personengeschichte erstellt habt, schreibt ihr zu diesem gemeinsam eine dreiseitige Erzählung.

(12) Weniger ist mehr

Einsatz: Unter-, Mittel-, Oberstufe
Arbeitsform: Einzelarbeit
Zeit: Eine Doppelstunde
Material: Stift und Papier

Jeder von euch denkt sich eine Person aus, die sich durch eine besondere Eigenschaft von der Masse abhebt. Sie ist zum Beispiel blind, stumm oder gehbehindert. Fühlt euch in die Situation dieser Figur ein und überlegt, was im Unterschied zu euch in ihrem Leben anders ist. Welchen Beruf übt die Person aus und wie verbringt sie ihre Freizeit? Nachdem ihr den Charakter der Figur klar vor Augen habt und wisst, was ihr über sie erzählen könnt, denkt euch eine Rahmenhandlung aus und notiert diese stichpunktartig.
Schreibt anschließend eine fragmentarische Erzählung, sie soll auf den Leser wie eine ausgerissene Buchseite wirken, ihr müsst also Teile der Rahmenhandlung verschweigen. Da eure Geschichte nur ein Teil aus einem langen Text ist, den ihr in eurem Kopf habt, kennt der Leser nicht die gesamte Handlung. Wenn ihr die ›Buchseite‹ in der Klasse vorlest, sollen eure Mitschüler aus dem Fragment ableiten, wodurch sich eure Figur auszeichnet und welche Rahmenhandlung zugrunde liegt.

(13) Brieferzählung

Einsatz: Unter-, Mittel-, Oberstufe
Arbeitsform: Einzelarbeit
Zeit: Eine Stunde
Material: Stift und Papier, kleine Zettel, Sammelbehälter

Schreibe zwei Personennamen, die frei erfunden sind, jeweils auf einen kleinen Zettel. Gib wie bei einer Visitenkarte auch die Adresse und den Beruf der Personen an. Sammelt im Anschluss alle Zettel ein und mischt sie in einem Gefäß durch. Jeder Schüler zieht sich zwei Zettel heraus. Die Informationen, die sich darauf befinden, bilden die Grundlage für deine Brieferzählung, in dessen Mittelpunkt die beiden Personen stehen. Zwischen den beiden kann ein Briefwechsel stattfinden oder nur eine Figur schreibt an die andere.

(14) Cluster

Einsatz: Mittel-, Oberstufe
Arbeitsform: Gruppen-, Einzelarbeit
Zeit: Eine Doppelstunde
Material: Stift und Papier

a) *Gruppenarbeit*: Teilt euch in zwei Gruppen auf und denkt euch zwei Figuren aus, die in einer Geschichte vorkommen sollen. Das soll in Form eines Clusters geschehen. Zunächst einigen sich eure beiden Gruppen darauf, welches Geschlecht die Personen haben und wie sie heißen. Dazu malt ihr für die Figuren zwei Kreise mit genügend Abstand zueinander in die Mitte des Papiers. Wenn eine neue Charaktereigenschaft der jeweiligen Person angesprochen wird, schreibt ihr sie auf das Papier und verbindet sie mit dem zugehörigen Kreis. Die Stichpunkte, die thematisch zusammenpassen, werden mit Strichen verbunden. Was macht die einzelnen Figuren aus und was verbindet sie? Wie treten sie in Kontakt miteinander? Mögen sie sich? Nachdem ihr mit Hilfe des Clusters ausreichend Stoff gesammelt habt, schreibt ihr eure Geschichte gemeinsam; bestimmt dazu einen Schreiber aus eurer Gruppe.

b) *Einzelarbeit*: Setze ein Wort in die Mitte des Blattes. Schreib deine Assoziationen zu diesem Begriff um das Wort herum. Von den einzelnen Assoziationen ausgehend kannst du weitere Begriffe hinzufügen. Wenn du genug Material gesammelt hast, schreibe mit Hilfe deines Clusters einen Text von zwanzig Zeilen.

(15) Vom Malen inspiriert

Einsatz: Unter-, Mittel-, Oberstufe
Arbeitsform: Einzelarbeit
Zeit: Eine Doppelstunde
Material: Stift und Papier, Blätter der Größe DIN A3, Malfarben, Tücher zum Verbinden der Augen

Für diese Übung ist ein ruhiger Raum mit meditativer Musik von Vorteil.
Male mit verbundenen Augen ein Symbol auf ein großes Blatt Papier. Schreibe dann zu deinem Bild einen kurzen Text oder eine Erzählung. Für weitere Durchgänge könnt ihr die Symbole untereinander verlosen und einen Text dazu schreiben.

Andere Möglichkeit:

Lasst euch von Klecksografien inspirieren. Dazu tragt auf eine Seite eines Blattes einen Tinten- oder Farbklecks auf und faltet das Papier im Anschluss in der Mitte zusammen. Das so entstandene Bild gibt euch Anregungen zum Verfassen einer zweiseitigen Erzählung.

(16) Zerrissen zwischen den Sprachen

Einsatz: Mittel-, Oberstufe
Arbeitsform: Einzelarbeit
Zeit: Eine Stunde
Material: Stift und Papier

Stell dir vor, du wärst zweisprachig aufgewachsen und würdest nun beruflich schreiben (als Journalist, Schriftsteller oder Ähnliches).
Auf jeden Fall müssen beide Sprachen in deinem Text vorkommen. Überlege dir, welche Sprache deine Figur besser beherrscht oder ob sie mit beiden in gleicher Weise vertraut ist. Kann die Person zum Beispiel in der einen Sprache besser fluchen oder beherrscht sie in einer Sprache vor allem die gesprochene Sprache (Redewendungen, Sprichwörter usw.) und nicht die Amtssprache? Welche Verwicklungen könnten sich daraus ergeben?

(17) Das große Los

Einsatz: Mittel-, Oberstufe
Arbeitsform: Einzel-, Gruppenarbeit
Zeit: Eine Doppelstunde
Material: Stift und Papier, zwei Sammelbehälter, kleine Zettel

Für diese Schreibübung denkt sich jeder von euch einen Ort und eine Stimmung aus. Beides schreibt ihr jeweils auf einen Zettel und legt sie zusammen mit den anderen in zwei Töpfe: einen Topf für den Ort und einen für die Stimmung. Orte können zum Beispiel sein: Bauernhof, Zoo, Fluss, Spielplatz, Höhle oder Tal; als Stimmungen gelten: traurig, glücklich, überrascht, ängstlich, gelangweilt oder nachdenklich.
Jeder Schüler zieht jeweils ein Los aus beiden Töpfen und schreibt dann über den zugelosten Ort unter Berücksichtigung der Stimmung eine einseitige Erzählung.

(18) Perspektivenwechsel

Einsatz: Unter-, Mittelstufe
Arbeitsform: Einzel-, Gruppenarbeit
Zeit: Eine Stunde
Material: Stift und Papier

Stellt euch vor, ihr seid von Geburt an Mitglieder eines Naturvolkes, das weitab von der Zivilisation lebt. Nun besucht ihr die Stadt und seht dort euch unbekannte Dinge und Maschinen. Aus dieser Perspektive sollt ihr alltägliche Vorgänge, wie zum Beispiel Einkaufen, Fernsehen oder Autofahren schildern: Wenn ihr zu eurem Volk zurückkehrt, wollt ihr ihm alles Neue, was ihr gesehen habt, erklären. Also müsst ihr dazu andere Wörter und bildhafte Vergleiche verwenden, damit eure Stammesgenossen verstehen, was ihr ihnen zu erzählen habt.

(19) Folgegeschichte

Einsatz: Unter-, Mittel-, Oberstufe
Arbeitsform: Gruppenarbeit
Zeit: Eine Doppelstunde
Material: Stift und Papier

Diese Schreibübung ist ein beliebtes Spiel auf Reisen: Eine Geschichte wandert durch den Bus oder Zug. Ein Mitschüler schreibt hierzu den Anfangssatz einer Geschichte auf und reicht das Blatt an seinen Sitznachbarn weiter, der wieder einen Satz schreibt. Die Geschichte soll so lange fortgesetzt werden, bis alle Schüler einmal an der Reihe waren – und schon ist die Geschichte fertig.

Andere Möglichkeit:

Statt eines einzigen Satzes schreibt jeder von euch fünf bis zehn Sätze und legt die Blätter dann in einen Korb. Daraus zieht sich jeder für die nächste Runde ein anderes Blatt mit einer fremden Geschichte und setzt diese fort.

(20) Traumansicht

Einsatz: Unter-, Mittel-, Oberstufe
Arbeitsform: Einzelarbeit
Zeit: Eine Doppelstunde
Material: Stift und Papier

Schreibe den letzten Traum, an den du dich erinnern kannst, auf. Unterstreiche die wichtigsten Wörter und entwickle aus ihnen eine zweiseitige Erzählung.

Andere Möglichkeiten:

- Recherchiere nach berühmten Träumen in der Weltliteratur und schreibe einen davon um. Du sollst in diesem Traum eine zentrale Rolle spielen.
- Zu Beginn von Heinrich von Kleists Erzählung *Die Marquise von O…* sucht die Titelfigur einen Ehemann. Wie sieht dieser Ehemann in ihren Träumen aus? Schreibe dazu eine Erzählung, die zwei Seiten lang ist.

Hier der Beginn von Kleists Text:

In M…, einer bedeutenden Stadt im oberen Italien, ließ die verwitwete Marquise von O…, eine Dame von vortrefflichem Ruf, und Mutter von mehreren wohlerzogenen Kindern, durch die Zeitungen bekannt machen: dass sie, ohne ihr Wissen, in andre Umstände gekommen sei, dass der Vater zu dem Kinde, das sie gebären würde, sich melden solle; und dass sie, aus Familienrücksichten, entschlossen wäre, ihn zu heiraten […].[4]

(21) Das Buch der vielen Enden

Einsatz: Unter-, Mittel-, Oberstufe
Arbeitsform: Einzelarbeit
Zeit: Eine Doppelstunde
Material: Stift und Papier

Jeder von euch soll in zehn Zeilen den Anfang einer Heldengeschichte verfassen. Dieser kurze Text soll damit schließen, dass der Held vor einer Entscheidung steht. Nun sollst du dir mindestens zwei mögliche Ausgänge der Entscheidungssituation ausdenken und sie jeweils wieder in einigen Zeilen beschreiben. Diesen offenen Ausgängen folgen wieder rund zehn bis fünfzehn Zeilen, in denen die Geschichte weitererzählt wird. Am Ende dieser kurzen Passage steht die Handlung vor einem Scheideweg und der Leser kann wieder zwischen verschiedenen Möglichkeiten wählen, wie er die Geschichte weiterlesen möchte.
Für dich ist es hilfreich, wenn du vor dem Schreibprozess einen Plan über den Handlungsablauf der Geschichte mit vielen Enden anfertigst. Auf diese Weise kannst du verhindern, dass du die Übersicht verlierst.
Als Hilfe für den Leser kannst du ihm hinter jeder Entscheidungsmöglichkeit einen Hinweis auf den Fortgang geben. Der könnte zum Beispiel lauten: »Wenn Sie möchten, dass der Held jetzt den Drachen besiegt, lesen Sie auf Seite 2 weiter. Wenn Sie möchten, dass er vor dem Drachen flüchtet, lesen Sie auf Seite 3 weiter.«

(22) Moderner Schnickschnack

Einsatz: Unter-, Mittelstufe
Arbeitsform: Einzel-, Gruppenarbeit
Zeit: Eine Stunde
Material: Stift und Papier

Sucht euch einen Gegenstand aus, der gerade in Mode ist. Nun sollt ihr zunächst eine Lobesrede auf den Gegenstand halten. Im Anschluss sollt ihr einen kurzen Text schreiben, der die Nachteile des ›modernen Schnickschnacks‹ darstellt. Vielleicht überlegt ihr euch auch, wie sich ein Leben ohne diesen Gegenstand gestalten würde. Eine abschließende Schreibübung besteht darin, einen Text aus der Sicht einer Person zu verfassen, die den Gegenstand erwerben möchte. Ihr sollt neben den rein faktischen Argumenten auch die Sehnsuchte und Wünsche beschreiben, die sich die Person durch diesen Gegenstand zu erfüllen hofft.

(23) Lernen durch Nachahmen

Einsatz: Mittel-, Oberstufe
Arbeitsform: Einzelarbeit
Zeit: Eine Stunde
Material: Stift und Papier

Lasst euch von einem Mitschüler die Geschichte *Auf der Galerie* von Franz Kafka vorlesen. Stellt euch dann vor, dass das letzte gedruckte Exemplar der Geschichte durch einen Zufall verbrannt ist. Jetzt ist es an euch, diesen Text aus eurer Erinnerung niederzuschreiben, damit er für die Nachwelt erhalten bleibt. Achtet dabei auch auf den Stil und die Art, wie die Geschichte erzählt wurde.
Natürlich können auch andere Texte als Vorlage benutzt werden.

Hier ein Schülertext (Jahrgangsstufe 8, zu Kafkas *Auf der Galerie*) als Beispiel:

Wenn es so wäre, dass eine hinfällige Reiterin von ohrenbetäubendem, nimmer aufhörendem Zuschauergeklatsche angefeuert, auf schwankendem und müdem Gaul, unter dem fordernden und wütenden Blick des Zirkusdirektors, der mit laut klatschender Peitsche dasteht, und unter dröhnender Orchestermusik hereingeritten käme und es würde den Anschein machen, als würde dies fortlaufend und ewig so weitergehen, dann würde vielleicht ein Junge von dem obersten Teil der Galerie herunter in die Manege gestürmt kommen und würde das Halt! rufen, das diesem Schauspiel ein Ende bereitet.
Da dem aber nicht so ist, sondern eine schöne junge Dame, unter den ehrfurchtsvollen, demütigen und liebenden Blicken des Zirkusdirektors, der sie, als wäre sie seine über alles geliebte Enkelin, begrüßt, unter begeistertem Zuschauerbeifall und jubelnder Orchesterbegleitung die Manege betritt und vom Chef in untergebener Tierhaltung

in den Sattel eines stolzen Apfelschimmels gehoben wird, und der dann nach großer Überwindung, da er um sie besorgt ist, behutsam mit der Peitsche das Zeichen gibt, um dann sofort beschützend neben ihr herzulaufen, wird der Zuschauer auf der ersten Galerie bewegt den Kopf auf die Brüstung niedersenken und unbewusst innerlich weinen.

(24) Wenn ich ein Tier wäre

Einsatz: Unter-, Mittel-, Oberstufe
Arbeitsform: Einzelarbeit
Zeit: Eine Doppelstunde
Material: Stift und Papier

Schreibt zunächst möglichst viele Namen aus eurer Verwandtschaft auf. Ordnet jeder Person einen Tiernamen zu. Verfasst mit den unterschiedlichen ›Familientieren‹ eine zweiseitige Erzählung.

Andere Möglichkeit:

Jeder Schüler charakterisiert seine Familienmitglieder jeweils durch eine Beschreibung als Tier. Dann werden die Figuren durch Losverfahren an die Mitschüler verteilt, sie sollen zu jeweils drei zugelosten ›Personen-Tieren‹ eine einseitige Fabel schreiben.
Was man unter einer Fabel versteht, findet ihr in einem Literaturlexikon oder unter http://www.wikipedia.org/.

(25) Warum lesen?

Einsatz: Unter-, Mittel-, Oberstufe
Arbeitsform: Einzelarbeit
Zeit: Eine Stunde
Material: Stift und Papier

Lesen ist eine schöne Freizeitbeschäftigung, es erweitert den Horizont und ist für Autoren besonders wichtig. Aber warum lest ihr gerne und was gibt euch das Lesen? In Form eines Clusters (siehe Übung 14), bei dem in der Mitte das Wort »Lesen« steht, sollt ihr zusammentragen, was Lesen für euch bedeutet. Berücksichtigt dabei, was ihr beim Lesen bestimmter Bücher fühlt. Nachdem ihr euch dazu Gedanken gemacht habt, sollt ihr eine Lesebiografie verfassen: Schreibt einen Text, in dem ihr erzählt, wie ihr zum Lesen gekommen seid und was euch dazu veranlasst, jetzt immer noch zu lesen.
Wenn ihr schon lange kein Buch mehr in die Hand genommen habt, beschreibt, warum euch die Lust am Lesen vergangen ist.

(26) Berufsskizze

Einsatz: Mittel-, Oberstufe
Arbeitsform: Einzelarbeit
Zeit: Eine Doppelstunde
Material: Stift und Papier; u. U. Quellenmaterial (Tagebücher von Schriftstellern o. Ä.)

Stellt euch vor, ihr hättet den Beruf des Schriftstellers ergriffen. Wie könnte der Tagesablauf eines Autors aussehen? Was macht er in der Freizeit und wann schreibt er? Wenn ihr euch kein Bild machen könnt, informiert euch darüber, wie Schriftsteller gelebt haben.
Des Weiteren sollt ihr euch überlegen, wie der Schriftsteller auf Ideen für Geschichten kommt. Lässt sich ein Autor von persönlichen Erlebnissen anregen?
Nachdem ihr euch grundlegende Gedanken zu dem Thema gemacht und nötige Recherchen erledigt habt, sollt ihr eine kurze Geschichte über einen Schriftsteller und seine Umgebung schreiben. Ihr könnt dabei auch berücksichtigen, welche Wirkung er und seine Geschichten auf seine Familie, Freunde und Bekannten haben. Welche Texte schreibt der Autor nach welchen Ereignissen?

Andere Möglichkeit:

Wählt einen anderen Beruf aus, den ihr genauer unter die Lupe nehmen wollt. Zu diesem Zweck sollt ihr recherchieren, wie sich der Berufsalltag bei eurer fiktiven Person gestaltet. Macht euch eventuell auch mit den Fachausdrücken der Branche vertraut. Je mehr ihr über den Beruf der Figur wisst, umso glaubhafter könnt ihr sie beschreiben. Ist sie zum Beispiel nach der Arbeit sehr erschöpft? Wie sieht ihr Privatleben aus? Ist eure Person verheiratet? Muss sie auch am Wochenende arbeiten? Schließlich geht es auch darum, wie ihre Freizeit durch die Arbeit beeinflusst wird.

(27) Das andere Geschlecht

Einsatz: Mittel-, Oberstufe
Arbeitsform: Einzelarbeit
Zeit: Eine Stunde
Material: Stift und Papier

Wolltet ihr nicht schon immer einmal wissen, wie man sich als Junge bzw. Mädchen fühlt? Jetzt könnt ihr es euch zumindest einmal vorstellen. Ihr sollt euch in das andere Geschlecht hineinversetzen und eine Geschichte aus dieser Perspektive verfassen.

Mögliche Themen:

- Telefon
- Der erste Kuss
- Mein Haus-Rabe
- Mein neues Kleid
- Meine Computerspiele
- Der Museumsbesuch
- Mein Teddybär
- Die Bohrmaschine meines Vaters
- Die Liebesinsel
- Der erste Flirt
- Klassenfahrt

Ist deine Figur als Junge bzw. Mädchen glaubwürdig? Lies deine fertige Geschichte vor und lass deine neuen Geschlechtsgenossen darüber abstimmen, ob du dich in ihre Gefühlswelt hineindenken konntest.

(28) Aus der Sicht eines Gegenstandes

Einsatz: Mittel-, Oberstufe
Arbeitsform: Einzelarbeit
Zeit: Eine Stunde
Material: Stift und Papier

Perspektivenwechsel ist angesagt. Jeder soll sich einen Gegenstand aussuchen, der sich in seinem Rucksack, Schlaf- oder Badezimmer befindet. Verfasst dann eine Erzählung aus der Sicht dieses Gegenstandes. Bedenkt dabei, wie er beschaffen ist und was dem Gegenstand gefallen könnte und was nicht. Wie wird er von dir verwendet und wie würde er vielleicht viel lieber benutzt werden? Versetzt euch in den Gegenstand und überlegt, was er alles mit euch erlebt.

Beispiel: Haarshampoo

Heute hat meine Besitzerin Svenja wieder in die Vollen gegriffen und eine ganze Handvoll von mir benutzt. Ich glaube, sie will ihre sonst so fettigen Haare mit mir richtig weich machen. Sie sollen ihr wohl geschmeidig durch die Hände gleiten. Oder ist sie etwa verabredet und will sich für jemanden schön machen? Sie massiert mich richtig schön in ihre Haare, mit denen ich mich gut verstehe. Ist ja auch klar, dass sie mich mögen. Sie brauchen mich! Sie haben mir verraten, dass Svenja immer ein Shampoo meiner Qualität und Klasse nimmt. Dazu kann ich nur sagen: das verstehe ich gut, denn die Fähigkeiten liegen in meiner Familie. Weil Svenja so treu ist, gebe ich mich auch gerne für sie her und fiebere dem Moment entgegen, wenn sie wieder in die Vollen greift und mich liebevoll massiert.

(29) Geistergeschichte

Einsatz: Unter-, Mittel-, Oberstufe
Arbeitsform: Einzelarbeit
Zeit: Eine Doppelstunde
Material: Stift und Papier

Knarrende Treppen, quietschende Türen, kaputte Fenster, schräge Wände und Finsternis. Im Garten stehen Grabsteine, als Klingel ein Totenkopf? Wie ein gruseliges Geisterhaus aussehen soll, muss zunächst jeder für sich entscheiden. Im Anschluss sollst du dir darüber klar werden, was für Geister dort leben; dazu seien hier ein paar Fragen formuliert:

- Sind die Geister gut oder böse?
- Sehen sie wie Menschen aus oder eher wie Tiere?
- Treffen sie auf Lebende oder machen sie ihnen das Leben sogar schwer?
- Wollen die Geister die Lebenden verscheuchen?
- Was lassen sie sich für die Vertreibung einfallen?
- Zu welchen Tageszeiten erscheinen die Geister?

Natürlich können deine Geister auch in einem ganz normalen Haus wohnen und dort ihr Unwesen treiben.
Beim Schreiben der Geschichte können dich die Gruselfilme, die du vielleicht schon gesehen hast, inspirieren. Deine Erzählung sollte jedoch nicht dem Plot eines dir bekannten Films entsprechen.

(30) Porträt

Einsatz: Unter-, Mittelstufe
Arbeitsform: Einzelarbeit
Zeit: Eine Stunde
Material: Stift und Papier

Bei dieser Aufgabe musst du mit deinem inneren Auge genau hinsehen! Stell dir eine Person vor, die eine bestimmte Haltung eingenommen hat. Sie kann sitzen, einen Handstand machen oder rennen. Als hättest du auf die Pause-Taste beim Videorekorder gedrückt, verharrt die Person in dieser Position. Genau das, was du jetzt siehst, sollst du beschreiben. Darüber hinaus kannst du in diese Momentaufnahme einbringen, was die Person vermutlich denkt und fühlt. Bedenke, dass der Leser diese Figur nicht kennt. Was musst du alles erwähnen, damit er sich diese Person genau vorstellen kann? Das Aussehen, die Art ihrer Haltung, den Gesichtsausdruck, die Augenfarbe, Schuhe und Kleidung. Hinzu kommt, dass du ruhig eine Wertung von dir einfließen lassen kannst. Bewunderst du die Person oder verabscheust du sie?

Andere Möglichkeit:

Begutachte einen Gegenstand und beschreibe präzise, wie er aussieht, zum Beispiel: Schreibtisch, Lampe, Sessel, Tafel, Auto, Schrank, Wasserflasche, Treppe, Regenschirm und Brille.

(31) Sciencefiction

Einsatz: Mittel-, Oberstufe
Arbeitsform: Einzelarbeit
Zeit: Eine Stunde
Material: Stift und Papier

Stellt euch eine andere Welt vor. Diese kann in der Zukunft liegen, auf einem anderen Planeten oder vielleicht im Innern der Erde, im Meer oder auch in der Atmosphäre. Hier ist eurer Phantasie keine Grenze gesetzt. Überlegt, was für Menschen in dieser Welt wohnen, wie sie aussehen, wie sie leben und wie sie sich verhalten. Wie könntest du diese Welt am besten schildern, damit der Leser sie sich plastisch vorstellen kann?
Vielleicht lasst ihr einen Erzähler in der Einleitung berichten, wie die erfundene Welt entstanden ist und wodurch sie sich gegenüber der euch bekannten Welt auszeichnet. In einer Szene könntet ihr das Leben der Wesen veranschaulichen, indem ihr sie miteinander sprechen lasst oder ihren Tagesablauf präsentiert.

(32) Naturverbundenheit

Einsatz: Unter-, Mittel-, Oberstufe
Arbeitsform: Einzelarbeit
Zeit: Eine Doppelstunde
Material: Stift und Papier, Gedichtvorlage

Jeder Schüler besorgt sich ein Naturgedicht und bringt es in den Unterricht mit. Lest das Gedicht durch und verfasst anschließend einen einseitigen Prosatext, in dem die Natur eine Rolle spielt. Übernehmt dazu aus dem ausgewählten Gedicht drei bis fünf Wörter, welche die Natur beschreiben, und benutzt sie als Leitmotive in eurem Text. So kann ein Sonnenuntergang zum Beispiel für den Untergang einer Existenz stehen oder ein stürmischer Wind für emotionale Erregtheit.

Zwei Beispielgedichte:

JOHANN WOLFGANG GOETHE

An die Entfernte

So hab ich wirklich dich verloren?
Bist du, o Schöne, mir entflohn?
Noch klingt in den gewohnten Ohren
Ein jedes Wort, ein jeder Ton.

So wie des Wandrers Blick am Morgen
Vergebens in die Lüfte dringt,
Wenn, in dem blauen Raum verborgen,
Hoch über ihm die Lerche singt:

So dringt ängstlich hin und wieder
Durch Feld und Busch und Wald mein Blick;
Dich rufen alle meine Lieder:
O komm, Geliebte, mir zurück![5]

JOHANN WILHELM LUDWIG GLEIM

An die Sonne

Sonne! alle Menschenzungen
Loben deine goldne Stralen.
Bäche, wo sich Nimfen baden,
Thäler, wo sich Hirt' und Heerden
Dein Glut entgegen lagert;
Berge, wo von dir erwärmet,
Eis und Schnee in Thäler rinnet;
Klippen, wo an kalten Eichen
Ziegen hangen, Gemsen klettern;
Fluren, wo Narzissen blühen,
Wo dein Stral Piolen wärmet,
Danken dir für deine Stralen:
Aber ich kann dir nicht danken;
Denn du straltest gar zu helle,
Als mich in der Sommerlaube
Keine Mutter sehen sollte.[6]

(33) Sprachspiele

Einsatz: Mittel-, Oberstufe
Arbeitsform: Einzelarbeit
Zeit: Eine Stunde
Material: Stift und Papier

1. Ohne »e«

Verfasst einen Text, in dem der Buchstabe »e« nicht vorkommt. Dazu ist es hilfreich, wenn ihr euch zunächst möglichst viele Wörter ohne »e« notiert. Auch wenn es schwer scheint, ist es möglich, einen Text zu verfassen, der einen Sinn ergibt. Allerdings darf der Text auch Nonsens sein.

2. Möglichst viele »e«

Nun die Umkehrung: Schreibe einen kurzen Text, der aus möglichst vielen Wörtern, die ein »e« enthalten, besteht. Auch hier ist es sinnvoll, zunächst alle Wörter, die euch mit »e« einfallen, zu notieren.
Im Anschluss soll die Klasse darüber diskutieren, welche Wirkung der Klang in diesem Zusammenhang erzeugt. Wie würden andere Buchstaben wirken? Macht hierzu das Gleiche mit anderen Buchstaben.

(34) Möglichkeiten des guten Stils

Einsatz: Mittel-, Oberstufe
Arbeitsform: Einzelarbeit
Zeit: Eine Doppelstunde
Material: Stift und Papier

Nehmt eine selbst verfasste Geschichte zur Hand. Diese sollt ihr nun umschreiben, indem ihr den Stil des Textes verändert. Ihr könnt ihn zum Beispiel in eine feministische, umgangssprachliche, triviale, poetische oder amtliche Sprache umformulieren.
Ihr könnt ihn aber auch expressionistisch gestalten oder ihn in eine Wahlkampfrede, einen Leserbrief, einen Zeitungsartikel, einen Tagebucheintrag, eine Biografie, eine Fabel oder ein Märchen verwandeln.
Wenn euch die Auswahl zwischen den einzelnen Stilformen zu schwer fällt, könnt ihr das Los entscheiden lassen.

(35) Erstens kommt es anders, ...

Einsatz: Mittel-, Oberstufe
Arbeitsform: Einzelarbeit
Zeit: Eine Doppelstunde
Material: Stift und Papier, Sprichwörtersammlung, kleine Zettel

Sucht Sprichwörter und Redensarten, schreibt sie auf Zettel und sammelt diese in einem Behälter. Nun zieht jeder von euch einen Zettel. Das gezogene Sprichwort soll in deiner zweiseitigen Geschichte eine zentrale Rolle spielen. Das Sprichwort soll zu Beginn deines Textes in seiner ursprünglichen Fassung vorkommen, zum Schluss in einer abgeänderten Form. Die Änderung des Sprichwortes soll sich aus dem Verlauf der Handlung ergeben. Das Sprichwort kannst du leicht abwandeln oder stark verändern.

Sprichwörter:

- Abwarten und Tee trinken.
- Alle für einen, einer für alle.
- Hochmut kommt vor dem Fall.
- Wer zu spät kommt, den bestraft das Leben.
- Wer zuletzt lacht, lacht am besten.
- Hunger ist der beste Koch.
- Wer lange hustet, wird alt.
- Je oller, je doller.
- Glück und Glas, wie leicht bricht das.
- Was ich nicht weiß, macht mich nicht heiß.
- Ein gebranntes Kind scheut das Feuer.

(36) Wortwörtlich

Einsatz: Unter-, Mittel-, Oberstufe
Arbeitsform: Einzelarbeit
Zeit: Eine Doppelstunde
Material: Stift und Papier

Suche dir eine Redensart aus der folgenden Liste aus. Die Wendungen beschreiben einen Zustand oder das Verhalten eines Menschen. Nun sollst du deine ausgewählte Redensart ganz wörtlich nehmen und auf eine Person beziehen. Verfasse eine einseitige Erzählung dazu.

Beispiele für Redewendungen:

- Über den eigenen Schatten springen
- Einen Frosch im Hals haben
- Jemandem Steine in den Weg legen
- Die Haare stehen einem zu Berge
- Sich Asche aufs Haupt streuen
- Auf dem absteigenden Ast sitzen
- Etwas aus dem Ärmel schütteln
- Etwas ausgefressen haben
- Kein Blatt vor den Mund nehmen
- Keinen Bock haben
- Jemandem aufs Dach steigen
- Keinen Deut auf etwas geben
- Eulen nach Athen tragen
- Den Faden verlieren
- Farbe bekennen
- Den Fehdehandschuh hinwerfen
- Nicht alle Tassen im Schrank haben
- Fersengeld geben
- Ins Fettnäpfchen treten
- Fraktur reden
- Jedes Wort auf die Goldwaage legen
- Sand ins Getriebe streuen

– Haare auf den Zähnen haben
– Hand aufs Herz
– Ein Mädchen unter die Haube bringen
– Keinen Heller für etwas geben
– Auf den Hund kommen
– Die Kastanien aus dem Feuer holen
– Etwas auf dem Kerbholz haben
– Arm wie eine Kirchenmaus sein
– Ein Klotz am Bein sein
– Den Kopf in den Sand stecken
– Jemandem einen Korb geben
– Sich wie ein Lauffeuer ausbreiten
– Jemandem die Leviten lesen
– Es brennt einem etwas auf den Nägeln
– Sich etwas hinter die Ohren schreiben
– Ein Schlitzohr sein
– Schwein haben
– Sich aus dem Staub machen
– Tacheles reden
– Aufs Tapet bringen
– Einen Vogel haben
– Über den grünen Klee loben
– Da beißt die Maus keinen Faden ab
– Jemandem ein Armutszeugnis ausstellen
– Eine taube Nuss sein

(37) Lückentext

Einsatz: Unter-, Mittel-, Oberstufe
Arbeitsform: Gruppenarbeit
Zeit: Eine Doppelstunde
Material: Stift und Papier

Jeder hat ein Blatt Papier vor sich. Schreibe ein beliebiges Wort an den Anfang der Seite. Reiche diese dann an deinen Nachbarn weiter, der soll nun fünf zu dem vorgegebenen Wort assoziierte Wörter darunter schreiben, jedes in eine neue Zeile. Das letzte Wort dient jetzt dem nächsten Sitznachbarn zur Assoziation, wieder sollen fünf neue Wörter untereinander hinzugefügt werden. Wenn das Blatt wieder beim Verfasser des ersten Wortes angekommen ist, füllt dieser die Lücken zwischen den Wörtern, so dass daraus eine Geschichte entsteht.

(38) Im Takt

Einsatz: Mittel-, Oberstufe
Arbeitsform: Einzelarbeit
Zeit: Eine Doppelstunde
Material: Stift und Papier, Musik

Der Lehrer spielt euch eine bestimmte Art von Musik vor, zum Beispiel Hip-Hop, Volksmusik, Techno oder Klassik. Im Rhythmus dieser Musik sollt ihr nun einen kurzen Text verfassen. Dieser muss nicht unbedingt einen Sinn ergeben. Es kommt vielmehr darauf an, dass die Sätze und Wörter, die ihr gewählt habt, in Einklang mit dem Rhythmus der Musik stehen.

(39) Neue Wörter

Einsatz: Unter-, Mittel-, Oberstufe
Arbeitsform: Einzel-, Gruppenarbeit
Zeit: Eine Doppelstunde
Material: Stift und Papier

Bildet zu verschiedenen Themen Wortfelder, indem ihr das zugehörige Vokabular sammelt. Dazu können auch Sprüche, Klänge und Assoziationen gehören. Aus diesen altbekannten Wörtern produziert ihr nun neue, indem ihr Teile der Wörter miteinander vertauscht oder Vorsilben vor die Wörter setzt oder Ähnliches mehr.
Dieses neu geformte Wortmaterial bildet die Grundlage für eine Geschichte, es soll in euren Text eingebaut werden. Die neue Bedeutung der Wörter soll durch die Handlung selbst klar werden.

Beispiel: Thema ›Ostern‹

Assoziationen: Ostereier, Kirche, Auferstehung, Ende der Fastenzeit, Süßigkeiten, Karneval schon lange vorbei.

Neubildungen: das Nachostern, lass uns ostern, Kircheneier, Eierkirche, Ostostern, Süßigkeitenende …

(40) Wenn die Eltern nicht zu Hause sind ...

Einsatz: Unter-, Mittelstufe
Arbeitsform: Gruppenarbeit
Zeit: Eine Doppelstunde
Material: Stift und Papier

Stellt euch vor, ihr seid zwischen fünf und neun Jahre alt, und eure Eltern lassen euch für einen Abend allein, weil die Babysitterin krank geworden ist. Ihr versprecht, artig zu sein. Euer Nachbar kommt in regelmäßigen Abständen vorbei, um zu prüfen, ob alles in Ordnung ist. Er verlässt das Haus aber wieder relativ schnell. Überlegt nun, was ihr als Kind anstellen würdet. Ihr seid drei Geschwister. Dementsprechend sollt ihr euch in Dreiergruppen aufteilen. Die Mitglieder einer Gruppe schreiben jeweils zusammen einen Text.

Folgende Fragen helfen euch bei der Arbeit:

Was habt ihr früher immer machen wollen, aber nicht gedurft? Warum nicht, was kann dabei passieren? Soll so etwas in eurer Geschichte geschehen oder kommen die Kinder mit dem Schrecken davon? Oder geht alles gut und die Kinder haben nur Spaß? Worüber unterhalten sich die Kinder? Möchte jemand der Anführer sein und bestimmen, was gemacht wird? Wie verhalten sie sich, wenn der Nachbar zur Kontrolle das Haus besucht?

Der Leser muss euch das Alter der Kinder abnehmen, die Aussprüche der Kinder müssen glaubhaft und ihrem Alter angemessen sein.

Teil II: Dramatisches

(41) Sprechende Namen

Einsatz: Unter-, Mittelstufe
Arbeitsform: Einzel-, Gruppenarbeit
Zeit: Eine Stunde
Material: Stift und Papier

Denkt euch drei bis vier Personen mit sprechenden Namen aus (z. B. Gert Geizig, Gaby Glück, Fabian Faul, Wendy Wüterich usw.). Schreibt dann eine kurze dramatische Szene, in der die Figuren aufeinander treffen und ihrem jeweiligen Namen gerecht werden.
Wenn es euch hilft, könnt ihr vor dem Schreiben die wichtigsten Charaktereigenschaften der Figuren stichpunktartig festhalten. Achtet dann darauf, dass die Personen in eurem Stück in Übereinstimmung mit diesen Eigenschaften sprechen und handeln.
Wo und wann die Handlung spielt, bleibt ganz euch überlassen: Im Zeltlager, auf einer einsamen Insel, zu Besuch in einer fremden Stadt …

(42) Vom Roman zum Drama

Einsatz: Mittel-, Oberstufe
Arbeitsform: Einzelarbeit
Zeit: Eine Doppelstunde
Material: Stift und Papier

Bei dieser Übung sollt ihr einen Abschnitt aus Theodor Fontanes Roman *Effi Briest* in eine dialogische Dramenszene umschreiben. Hierbei müsst ihr vor allem darauf achten, dass der Text in seiner ursprünglichen Form nicht mehr in eurer Szene auftauchen darf. Die wichtigen Informationen, die in ihm enthalten sind, können stattdessen zum Beispiel in den Regieanweisungen untergebracht werden. Wichtige Fragen sind: Wie sehen die Figuren aus? Wie sprechen und bewegen sie sich? Wo halten sie sich gerade auf? Was geschieht in ihrer Umgebung? Weitere Fragen könnt ihr auch aus dem Romankontext erschließen.

Auszug aus *Effi Briest*:

Schon im nächsten Augenblicke trat Effi mit der Mama in den großen Gartensaal, der fast den ganzen Raum des Seitenflügels füllte.
»Mama, du darfst mich nicht schelten. Es ist wirklich erst halb. Warum kommt er so früh? Kavaliere kommen nicht zu spät, aber noch weniger zu früh.«
Frau von Briest war in sichtlicher Verlegenheit; Effi aber schmiegte sich liebkosend an sie und sagte: »Verzeih, ich will mich nun eilen; du weißt, ich kann auch rasch sein, und in fünf Minuten ist Aschenpuddel in eine Prinzessin verwandelt. So lange kann er warten oder mit dem Papa plaudern.«
Und der Mama zunickend, wollte sie leichten Fußes eine kleine eiserne Stiege hinauf, die aus dem Saal in den Oberstock hinaufführte. Frau von Briest aber, die unter Um-

ständen auch unkonventionell sein konnte, hielt plötzlich die schon forteilende Effi zurück, warf einen Blick auf das jugendlich reizende Geschöpf, das, noch erhitzt von der Aufregung des Spiels, wie ein Bild frischesten Lebens vor ihr stand, und sagte beinahe vertraulich: »Es ist am Ende das Beste, du bleibst wie du bist. Ja, bleibe so. Du siehst gerade sehr gut aus. Und wenn es auch nicht wäre, du siehst so unvorbereitet aus, so gar nicht zurechtgemacht, und darauf kommt es in diesem Augenblicke an. Ich muss dir nämlich sagen, meine süße Effi ...« und sie nahm ihres Kindes beide Hände ... »ich muss dir nämlich sagen ...«

»Aber Mama, was hast du nur? Mir wird ja ganz angst und bange.«

»... Ich muss dir nämlich sagen, Effi, dass Baron Innstetten eben um deine Hand angehalten hat.«

»Um meine Hand angehalten? Und im Ernst?«

»Es ist keine Sache, um einen Scherz daraus zu machen. Du hast ihn vorgestern gesehen, und ich glaube, er hat dir auch gut gefallen. Er ist freilich älter als du, was alles in allem ein Glück ist, dazu ein Mann von Charakter, von Stellung und guten Sitten, und wenn du nicht nein sagst, was ich mir von meiner klugen Effi kaum denken kann, so stehst du mit zwanzig Jahren da, wo andere mit vierzig stehen. Du wirst deine Mama weit überholen.«

Effi schwieg und suchte nach einer Antwort. Aber ehe sie diese finden konnte, hörte sie schon des Vaters Stimme von dem angrenzenden, noch im Fronthause gelegenen Hinterzimmer her, und gleich danach überschritt Ritterschaftsrat von Briest, ein wohlkonservierter Fünfziger von ausgesprochener Bonhommie, die Gartensalonschwelle – mit ihm Baron Innstetten, schlank, brünett und von militärischer Haltung.[7]

(43) Ein Drama verfassen

Einsatz: Mittel-, Oberstufe
Arbeitsform: Einzelarbeit
Zeit: Eine Doppelstunde
Material: Stift und Papier

Unten werden vier Personen vorgestellt, die in eurem eigenen kleinen Drama vorkommen sollen. Eure Aufgabe ist es nun, euch die Gespräche zwischen den einzelnen Charakteren auszudenken. Wer spricht mit wem? Vielleicht kommt es in den Dialogen zu Missverständnissen. Klären diese sich auf? Oder erfindet eine der vier Personen Lügen und Intrigen, um damit ihre Ziele zu erreichen? Kommt sie damit durch? Geht das Stück für alle Beteiligten gut aus oder endet es in einer Katastrophe?

Die Personen:

- Martha (17): Sie ist neu in der Klasse, da sie die letzten drei Jahre mit ihren Eltern in Spanien gewohnt hat. Sie findet sich noch nicht zurecht und ist auf die Unterstützung ihrer Mitschüler angewiesen.
- Schroeder (18): Schroeder musste ein Schuljahr wiederholen, weil er in der elften Klasse nach Amerika gegangen ist. Er kann deshalb Marthas Schwierigkeiten verstehen und kümmert sich ein bisschen um sie.
- Petra (16): Sie ist seit einem Jahr mit Schroeder zusammen und eifersüchtig, weil ihr Freund sich jetzt auch häufiger mit Martha trifft.
- Juri (17): Juri ist schon lange heimlich in Petra verliebt, hat sich aber bisher nicht getraut, ihr das auch zu zeigen.

(44) Alltagsdrama

Einsatz: Mittel-, Oberstufe
Arbeitsform: Einzelarbeit
Zeit: Eine Doppelstunde
Material: Stift und Papier, Tageszeitungen

Such dir aus einer Zeitung eine Meldung über ein Ereignis, das dich anspricht. Welche Hauptpersonen sind daran beteiligt? Versuche in deiner Fantasie, ihnen Gestalt und Charakterzüge zu verleihen. Stelle nun den Vorfall aus der Zeitung in einer dramatischen Szene dar. Dabei sollen aus den Reden der Figuren auch die Beweggründe für ihr Handeln erkennbar werden.

(45) Stichwortdrama

Einsatz: Unter-, Mittelstufe
Arbeitsform: Gruppenarbeit
Zeit: Eine Doppelstunde
Material: Stift und Papier, Stichwortzettel

Der Lehrer verteilt am Beginn der Stunde Zettel, auf denen ein Stichwort vermerkt ist. Alle Schüler, die einen Zettel mit dem gleichen Wort ziehen, schließen sich in Gruppen zusammen. Jede Gruppe sollte aus fünf Schülern bestehen. Sobald sich die Gruppen zusammengefunden haben, erfindet ihr ein kurzes Drama, in dem das jeweilige Stichwort thematisiert wird. Anschließend führt jede Gruppe ihr Drama mit verteilten Rollen vor der Klasse auf.

Beispiele für Stichwörter:

- Party
- Letzter Schultag
- Schulhof
- Eifersucht
- Kuss
- Spaziergang
- Abitur
- Eskimo
- Geige
- Marathon
- Hase
- Lehrerzimmer
- Schlafmütze

(46) Innerer Monolog: Deutung einer Werbeanzeige

Einsatz: Unter-, Mittel-, Oberstufe
Arbeitsform: Einzelarbeit
Zeit: Eine Stunde
Material: Stift und Papier, Zeitschriften

Such dir aus einer Zeitschrift eine Bildwerbung mit mindestens zwei Personen aus. Überlege dir, was die Figuren auf dem Bild wohl denken. Achte bei den Gedanken, die du aufschreibst, darauf, dass du in der Ich-Form und im Präsens formulierst, damit ein innerer Monolog entsteht. Auf die Gliederung deiner Monologe brauchst du nicht so genau zu achten – du sollst vielmehr spontan und schnell deine Gedanken festhalten. Schreib einfach auf, was dir gerade einfällt. Trage deine Monologe den Mitschülern vor.

(47) Wie geht die Geschichte weiter?

Einsatz: Unter-, Mittel-, Oberstufe
Arbeitsform: Gruppenarbeit
Zeit: Eine Stunde
Material: Stift und Papier

Hier ein nachdenklicher Text zum Weiterschreiben:

Der Fünfzig-Euro Schein

Ein Mann bietet auf dem Marktplatz einen *echten* Fünfzig-Euro-Schein für 35 Euro an. Die Fußgänger gehen nicht auf sein Angebot ein. Wenig später wird der Mann von der Polizei verhaftet und mit auf das Revier genommen.

Eure Aufgabe ist es nun, euch zusammen mit eurem Nachbarn auszudenken, wie das Gespräch bei der Polizei aussehen könnte. Was fragen wohl die Beamten den Mann? Und was für Gründe kann der Mann für das ungewöhnliche Geschäft gehabt haben? Schreibt den Dialog auf und spielt ihn anschließend der Klasse vor.

(48) Sprachlosigkeit

Einsatz: Mittel-, Oberstufe
Arbeitsform: Gruppenarbeit
Zeit: Eine Doppelstunde
Material: Stift und Papier

Lest euch zunächst den Beispieltext genau durch. Versucht dann, euch auch eine Situation vorzustellen, in der die Menschen sich nicht verstehen. Welche Gründe kann es geben, warum man sich nichts zu sagen hat oder sich nicht traut, dem anderen etwas mitzuteilen? Was fühlen die Beteiligten? Schreibt eine kurze Szene, in der die Beteiligten in ihrem Gespräch nicht zueinander finden. Stellt euer Ergebnis der Klasse vor.

Vor dem Tod

»Mein Leben ist zu Ende!«, dachte der sechsundachtzigjährige Antonius traurig.
»Mein Vater starb mit fast siebenundachtzig Jahren, meine Mutter mit einundsechzig.«
Dieser Gedanke kam nun immer öfter in ihm auf. Er kratzte sich an seinem Kopf, der nur noch von einem weißen Haarkranz bedeckt war.
»Bald bin ich dran!«
Obwohl er diesen Gedanken jeden Tag fasste, hatte er sich noch nicht daran gewöhnt.
»Aber ich will nicht!«, protestierte er laut, gegen wen auch immer. Er schaute nach oben.
»Ich will nicht!«
Schritte kamen eilig näher, die Tür ging auf. »Was ist los, Antonius? Ich habe dich schreien gehört? Brauchst du etwas?«, fragte seine Schwiegertochter Ingrid besorgt.
»Ähhh ...«, stammelte er. Was sollte er sagen? »Ich habe mit mir selbst gesprochen. Es ist nichts weiter.«

Ingrid hielt die Türklinke noch immer in der Hand. Sie blieb im Türrahmen stehen. »Dann ist ja gut. In einer halben Stunde gibt es Abendessen«, sagte sie im Hinausgehen.
Das brachte Antonius auf einen anderen Gedanken, den er auch jeden Tag fasste.
»Mein Leben dreht sich nur noch um die Mahlzeiten. Sonst passiert nichts. Essen, rumsitzen, schlafen, essen, aus dem Fenster gucken, die Tiere angucken, umhergehen und wieder essen und schlafen.«
Es war ein Glück für Antonius, dass er auf einem Bauernhof lebte. Jeden Tag konnte er sich anschauen, was er in seinem Leben bewirkt hatte. Er konnte stolz umhergehen und jedes Tier beim Namen nennen.
»Wenigstens muss ich nicht in einer kleinen Wohnung hocken und den ganzen Tag fernsehen«, tröstete er sich.
Fernsehen fand er eigentlich langweilig. Früher hatte er immer verkündet, es mache dumm und sei Zeitverschwendung. Es lief ja auch nichts, was ihm gefiel. Dachte er zumindest immer. Doch jetzt, wo ihm jeder Gang anstrengend wurde und die Stunden so langsam verstrichen, setzte er sich auch manchmal vor den Fernseher und schaute sich Volksmusik oder einen Tierfilm an.
Er hatte nicht gewusst, dass so oft Volksmusik im Fernsehen lief, sonst hätte er sich öfter gemütlich ins Wohnzimmer gesetzt und hätte zur Entspannung ferngesehen.
»Opa, du guckst Fernsehen? Das machst du doch nie!«, stutzte seine Enkeltochter Elisa, siebzehnjährig.
Mit einem großen Fragezeichen im Gesicht fuhr sie in den Reitstall. Sie interessierte sich für nichts als Pferde, und so langsam natürlich auch für Jungs. Sie hatte nie auch nur ein Buch freiwillig gelesen, und wenn sie musste, hatte sie jemand anderen gebeten, ihr die Zusammenfassung zu erzählen. »Aber bitte kurz!« Dafür konnte sie stundenlang über das Verhalten ihres Pferdes reden. Heute hat er gebockt, gestern gelahmt, und sie zeigt ihm schon, wo es langgeht.

Das tat Antonius auch. Er zeigte allen, wo es langging. Früher hatte er es noch mehr getan. Doch nun schien es ihm, als würden die anderen seine Meinung als Hirngespinst eines Greises abtun. Je mehr sie dies taten, umso energischer hielt Antonius daran fest.
»Er hat schon diese Starrsinnigkeit und Eigenwilligkeit, wie alte Leute sie haben«, beschwerte sich sein Sohn Heinrich, der den Hof nun bewirtschaftete.
»Ich könnte irgendwen besuchen.« Antonius überlegte. »Aber wen? Die sind ja alle tot!«
Er lachte, um nicht zu weinen. Tatsächlich waren seine Frau und seine Freunde tot. Seine Kinder und Enkelkinder lebten und waren jeden Tag bei ihm. Obwohl sie wunderbar zu ihm waren und sich um ihn bemühten, blieben die typischen Schwierigkeiten zwischen Alt und Jung nicht aus.
Antonius fühlte sich fehl am Platz. Seine Leute fehlten ihm. Er konnte mit niemandem über das reden, was ihn erwartete. Würde er sehr starke Schmerzen haben?
Seine Frau und seine Freunde hatten es gut, sie waren schon wieder beieinander.
»Warte ich etwa auf den Tod?«, ertappte er sich selbst.
Er hatte immer so gerne gelebt. Aber nun hatte er genug erlebt und nicht die Kraft für etwas Neues. Er fühlte sich schwach und müde. Er hatte abgeschlossen mit dem Leben.
Gerade noch erschrocken, ging Antonius nun in Gelassenheit über.
»Ja, ja, bald bin ich dran. Und ich kann nichts dagegen tun.«[8]

(49) Aneinander vorbeireden

Einsatz: Mittel-, Oberstufe
Arbeitsform: Gruppenarbeit
Zeit: Zwei Doppelstunden
Material: Stift und Papier

Aufgabe 1:

Das habt ihr vielleicht auch schon einmal erlebt: Man unterhält sich mit einem Freund oder einer Freundin und trotzdem redet jeder über etwas anderes. Irgendwie findet man im Gespräch nicht zueinander. Vielleicht, weil jeder zu sehr mit seinen eigenen Gedanken beschäftigt ist. Versucht, euch an so ein Gespräch zu erinnern und es aufzuschreiben. Wenn ihr euch an keines erinnern könnt, denkt euch etwas aus. Stellt eure Arbeitsergebnisse szenisch in der Klasse vor.

Aufgabe 2:

Hier ein Ausschnitt aus *Die Familie Selicke* von Arno Holz und Johannes Schlaf. In der vorliegenden Szene ist gerade die Tochter Linchen gestorben:

FRAU SELICKE *(mit müder Stimme, halb weinend).* Die Lampe fängt an zu riechen, Toni! ... Lösch aus! ... 's is hell draußen! ... Der Lärm auf dem Flur! ... Die kennen keine Sorgen ...

TONI *(löscht die Lampe aus und zieht dann den Fenstervorhang zurück. Das Morgenlicht fällt grau durch die verschneiten Scheiben ins Zimmer. – Toni will auf die Flurtür zugehen und den Kindern verbieten, die draußen immer noch lärmen; aber in diesem Augenblicke poltern sie lachend, schreiend und blasend die Treppe hinunter. Der Lärm entfernt sich unten im Hause und hört dann allmählich ganz auf).*

FRAU SELICKE. Die sind fidel! ... *(Sie tritt zu Selicke hin und legt ihm sanft die Hand auf die Schulter; mit mitleidiger, bebender Stimme.)* Vater! ... *(Selicke, der, das Gesicht in den Händen, die Ellenbogen auf die Knie gestützt, vor sich hinbrütet, achtet nicht auf sie.)* Vater! ... Komm! ... Vater! ... *(Ihre Worte gehen in Weinen über.)*

SELICKE *(rührt sich; dumpf, mit zärtlichem Ausdruck).* Du! ... Mein Linchen! ... *(Schluchzt unterdrückt.)*

FRAU SELICKE *(lehnt ihren Kopf gegen seine Schulter und weint).* Vater, komm! ... Komm hier fort! ...

SELICKE. Du! ... Mein Linchen! ... Warum d u ? *(Starrt vor sich hin.)*

FRAU SELICKE *(immer noch in derselben Stellung).* Komm Vater! ... Wir wollen uns von jetzt ab – rechte Mühe geben ... Wir wollen vernünftig sein ... Es soll nun anders werden bei uns ... Nich wahr, Vater?

SELICKE *(richtet das Gesicht in die Höhe und sieht sie mit einem toten, ausdruckslosen Blick an. Frau Selicke starrt ihn eine kleine Weile angstvoll an und richtet sich dann, den Schürzenzipfel vor den Augen, wieder auf. Selicke, der sich schwerfällig erhoben hat, bückt sich über das Bett und küßt die Leiche. Weich, zärtlich).* Leb wohl! ... Leb wohl, mein gutes Linchen! ... D u hast's gut! ... D u hast's gut! ...[9]

Schreibt diesen Dialog um: Die Personen sollen sensibel auf ihre Gefühle eingehen.

(50) Foto-Love-Story

Einsatz: Unter-, Mittelstufe
Arbeitsform: Einzelarbeit
Zeit: Eine Stunde
Materialien: Stift und Papier, eine Jugendzeitschrift

Für diese Übung soll jeder von euch eine Jugendzeitschrift mitbringen, in der irgendeine Form von Fotoroman abgedruckt ist. Schreibt den Dialog der Fotogeschichte in ein Drama um. Denkt daran, dass in eurem kleinen Stück auch klar werden sollte, welche Personen auftreten. Und was sieht man im Hintergrund? Gebt die Beschreibung der Umgebung kurz in den Regieanweisungen wieder.
Die Foto-Love-Story hat schon in der letzten Ausgabe angefangen oder das Ende kommt erst im nächsten Heft? Macht nichts! Denkt euch Anfang oder Schluss einfach selber aus.

(51) Ich versteh' nur chinesisch!

Einsatz: Oberstufe
Arbeitsform: Einzelarbeit
Zeit: Eine Doppelstunde
Material: Stift und Papier

Vielleicht habt ihr mitbekommen, dass in den letzten Jahren viele der klassischen Dramen als Kinofilme modern umgesetzt worden sind. Versucht das doch mal auf das Schreiben bezogen! Sucht euch ein Drama aus, das ihr als veraltet oder auch zu schwülstig empfindet – vielleicht eines, das ihr im Unterricht gelesen habt. Worum ging es da? Schreibt aus dem Stoff ein kurzes Drama, das in unserer Zeit spielt. Vergesst nicht, auch die Sprache zu modernisieren.

(52) Seifenoper

Einsatz: Unter-, Mittel-, Oberstufe
Arbeitsform: Gruppenarbeit
Zeit: Eine Doppelstunde
Material: Fernseher, Videorekorder, Stift und Papier

Für diese Übung sollte einer von euch ein oder zwei Folgen von einer Seifenoper mit einem Videogerät aufnehmen. Möglichst aus einer Serie, die die meisten von euch kennen. Schaut euch diese Folge(n) zusammen im Unterricht an. Anschließend verfasst ihr in Vierergruppen dazu eine kleine Komödienszene. Einfacher geht es, wenn ihr euch nur ein paar Personen oder Episoden herauspickt, die in der Folge vorgekommen sind.
Falls ihr nicht wisst, was man unter einer Komödie versteht, informiert euch im Internet unter http://www.wikipedia.org/.

(53) Reizwortdrama

Einsatz: Unter-, Mittel-, Oberstufe
Arbeitsform: Einzel-, Gruppenarbeit
Zeit: Eine Doppelstunde
Material: Stift und Papier

Stell dir vor, du bist ein Dramatiker. Im Folgenden findest du ein paar Reizwörter, aus denen du ein Drama konstruieren sollst. Wähle einen Vorschlag aus und versuche, daraus ein Bühnenstück zu schreiben. Achte dabei darauf, dass auf jeden Fall alle drei genannten Begriffe vorkommen.

Variante:

Setzt euch anschließend zu dritt zusammen und schreibt aus jedem eurer Dramen ein Stichwort heraus. Mit Hilfe dieser drei Reizwörter könnt ihr nun wieder ein neues Drama erfinden.

Reizwörter:

Garten – Hund – Hochzeitstorte
Fliege – Marathon – Schule
Hamster – Liebe – Auto
Schiff – Bauernhof – Zelt
Regenwetter – Eisdiele – Mauer
Hausaufgaben – Pferd – Sonne
Ferien – Hase – Krähe
Olympia – Doping – Geld
Kirche – Teufel – Gott
Felsen – Nixe – Dichter
Radio – Haus – Oskar
Kater – Wiese – Frosch
Kirmes – Blitz – Freund/-in
Schreibtisch – Speiseeis – Wundertüte
Computer – Kino – Held

Klassenzimmer – Pause – Test
Buch – Teller – Fisch
Goethe – Teufel – Kröte
Schiller – Wassergott – Esel
Notebook – Bankraub – Restaurant
Tafel – Feile – Sträfling
Schnecke – Rennbahn – Olympia
Kino – Kuss – Ehrgeiz
Eifersucht – Schminke – Schmuck
Lastwagen – Autobahn – Polizei
Hip-Hop – München – Leiche
Eis – Hamlet – Froschkönig
Füller – Knast – Chef
Rennwagen – Model – Don Juan
Karneval – Prinz – Fisch
Erdbeben – Wasser – Flucht
Flucht – Fußball – Schiedsrichter
Single – Anzeigenbörse – Autohaus
Champion – Lied – Ferrari
Nürburgring – Esel – Opa
Weltmeisterschaft – Bombe – Bürgermeister
Schule – Liebe – Frosch
Stuhl – Monitor – Weltraum
Marsmensch – Model – Einstein
U-Boot – Hering – Bodybuilder
Hausboot – Windmühle – Käfer

(54) Vorgegebener Titel

Einsatz: Unter-, Mittel-, Oberstufe
Arbeitsform: Einzelarbeit
Zeit: Eine Stunde
Material: Stift und Papier

Wenn du an einem Theater vorbeigehst und dir die Titel der Stücke anschaust, die dort gespielt werden, wirst du merken, dass man sich bei manchen gar nicht vorstellen kann, worum es geht. Bei anderen wiederum kann man anhand des Titels schon ahnen, was in dem Stück wohl passiert. Such dir nun einen der folgenden Titel aus und schreib dazu ein kurzes Drama.

Titel:

- Fremder in der Nacht
- Die dreckige Mauer
- Der rosarote Stuhl
- Die Frau des Geigenspielers
- Auf dem Bahnhof
- Die Glaubensfrage
- Schulferien
- Der Weihnachtsmann
- Der Führerschein
- Katzenjagd
- Professor Strolch
- Aus meiner kleinen Welt
- Faust im 21. Jahrhundert

(55) ABC-Drama

Einsatz: Unter-, Mittelstufe
Arbeitsform: Gruppenarbeit
Zeit: Eine Doppelstunde
Material: Stift und Papier, Schere, Dose

Setzt euch für diese Aufgabe in Fünfergruppen zusammen. Ihr sollt nun gemeinsam ein Drama schreiben. Überlegt euch, wovon euer Stück handeln soll: von Liebe, Leid, Schule oder Ferien? Wenn ihr euch auf ein Thema geeinigt habt, sucht dazu passende Begriffe. Und zwar eins zu jedem Buchstaben des Alphabets. Der erste soll also mit A anfangen, der zweite mit B usw. Wenn das geschafft ist, schneidet ihr die Worte aus und legt die Zettel zusammengefaltet in eine Dose. Jeder von euch zieht jetzt zwei Zettel. So erhaltet ihr die zehn Begriffe, die in euer Drama eingebaut werden sollen.

Weitere Themenvorschläge:

- Arbeit
- Freundschaft
- Eifersucht
- Kirmes
- Umzug
- Garten
- Sport
- Strand
- Disco
- Fischdose

(56) Am Anfang war das Wort

Einsatz: Unter-, Mittel-, Oberstufe
Arbeitsform: Partnerarbeit
Zeit: Eine Stunde
Material: Stift und Papier

Denk dir zunächst zusammen mit einem Mitschüler ein mindestens fünf Buchstaben langes Wort aus. Das schreibt ihr senkrecht (die Buchstaben untereinander) auf ein leeres Blatt Papier. Nun überlegt euch zu jedem der Buchstaben ein neues Wort, das diesen Anfangsbuchstaben hat, und schreibt es waagerecht dahinter. All diese Begriffe sollen euch dabei helfen, eine Idee für ein Drama zu finden. Seht euch also eure Liste an und überlegt euch ein Bühnenstück, in dem möglichst viele der Wörter vorkommen. In der Sequenz sollen mindestens zwei Personen auftreten, die einen Dialog führen.

Andere Möglichkeit:

Der Lehrer gibt dasselbe Wort für alle Schüler vor. Es wird bestimmt spannend zu sehen, wie unterschiedlich die Assoziationen ausfallen.

(57) Klassendrama

Einsatz: Unter-, Mittel-, Oberstufe
Arbeitsform: Gruppenarbeit
Zeit: Eine Doppelstunde
Material: Stift und Papier

Am Ende dieser Übung wird die ganze Klasse zusammen ein Gruppendrama erarbeitet haben. Einigt euch darauf, was für ein Stück ihr gerne schreiben möchtet. Eine Tragödie, eine Komödie oder eine Tragikomödie? Seid ihr euch in diesem Punkt einig, könnt ihr damit beginnen, Figuren, Orts- und Zeitangaben festzulegen. Danach sollt ihr den Aufbau der Handlung skizzieren. Was passiert in den verschiedenen Szenen und Akten? Eine sehr gründliche Planung ist zwingend erforderlich, wenn mehrere Autoren an einem Werk schreiben. Wenn ihr damit fertig seid, zieht jeder Schüler ein Los, das bestimmt, welchen Akt oder welche Szene er schreiben soll. Ihr könnt alle gleichzeitig an den Texten arbeiten oder aber der Reihe nach vorgehen. Die zweite Variante ist ein bisschen einfacher, weil jeder von euch dann schon lesen kann, was sein Vorgänger sich ausgedacht hat.
Damit aber auch bei der ersten Version keine großen Brüche in der Handlung auftreten, solltet ihr schon im Vorfeld die Figuren des Dramas möglichst genau beschreiben. Jeder von euch sollte genau wissen, worum es in den einzelnen Szenen des Klassendramas gehen wird.

(58) Spiel dich selbst!

Einsatz: Mittel-, Oberstufe
Arbeitsform: Gruppenarbeit
Zeit: Eine Doppelstunde
Material: Stift und Papier

Bildet drei- bis fünfköpfige Gruppen und verfasst einen Text zu einem (Streit)gespräch: Darin soll eure Gruppe über ein bestimmtes Gruppenmitglied diskutieren – bestimmt hat es in letzter Zeit einmal Anlass dazu gegeben. Am Schluss sollt ihr das Gespräch vor der Klasse aufführen, wobei das Gruppenmitglied, über das gesprochen wird, Regie führt. Überlegt euch daher schon vor dem Verfassen des Textes, ob ihr in dem Stück euch selbst darstellen möchtet oder die Identitäten tauschen und jeweils ein anderes Gruppenmitglied spielen wollt. Einzelne Charaktereigenschaften dürft ihr dabei ruhig ein wenig überzeichnen.

(59) Figuren aus der Mythologie

Einsatz: Mittel-, Oberstufe
Arbeitsform: Einzelarbeit
Zeit: Eine Doppelstunde
Material: Stift und Papier, Texte über Figuren aus der Mythologie

Mythologische Figuren haben schon vielen Schriftstellern als Grundlage für ihre Erzählungen, Gedichte oder Dramen gedient. So hast du vielleicht schon von Goethes *Iphigenie auf Tauris* oder George Bernard Shaws *Pygmalion* gehört. Versuch du es doch auch einmal: Wähle eine Figur aus der Mythologie aus und sammle stichpunktartig Material zu ihren Charaktereigenschaften und Erlebnissen. Schreibe nun ein Drama zu der ausgewählten Figur.

Figuren aus der Mythologie:

Achilleus, Agamemnon, Amor, Amphitryon, Antigone, Aphrodite, Apollon, Ariadne, Dädalus und Ikarus, Dionysos, Echo, Elektra, Hektor, Hera, Herkules, Hermes, Iphigenie, Kassandra, Klytämnestra, Medea, Medusa, Narziss, Niobe, Odysseus, Ödipus, Orpheus, Pandora, Penthesilea, Persephone, Prometheus, Pygmalion, Sirenen, Sisyphos, Theseus, Zeus.

Literaturtipp:

Im folgenden Buch werden die erwähnten mythologischen Personen knapp vorgestellt: Lutz Walther (Hrsg.), *Antike Mythen und ihre Rezeption. Ein Lexikon*, Leipzig: Reclam, 2003.

(60) Hören und schreiben

Einsatz: Unter-, Mittel-, Oberstufe
Arbeitsform: Einzel-, Gruppenarbeit
Zeit: Eine Doppelstunde
Material: Stift und Papier, Kassette mit Geräuschen

Euer Lehrer bereitet eine Kassette vor, auf der rund zehn verschiedene Geräusche aufgenommen sind (zum Beispiel das Tropfen eines Wasserhahns, das Starten eines Autos, Schritte auf Kies oder Tippen). Zwischen den einzelnen Geräuschen sollte ein Abstand von fünf Sekunden liegen, die Geräusche selbst können rund fünfzehn Sekunden zu hören sein. Das Band spielt er dann in der Klasse ab.
Lasst zunächst euren Gedanken freien Lauf. Was für Ideen kommen euch zu den verschiedenen Geräuschen? Schreibt einfach in kurzen Stichpunkten auf, was euch dazu einfällt.
Anschließend sollt ihr alleine mit Hilfe eurer Stichpunkte ein kleines Drama schreiben.

Andere Möglichkeit:

Setzt euch nach der Geräuschdarbietung in Dreiergruppen zusammen und denkt euch eine Handlung zu euren verschriftlichten Geräuschkulissen aus.

(61) Auftragsarbeit

Einsatz: Mittel-, Oberstufe
Arbeitsform: Einzel-, Gruppenarbeit
Zeit: Eine Doppelstunde
Material: Stift und Papier

Jeder von euch denkt sich eine Handlung für ein Drama aus. Schreibt eine kurze Inhaltsangabe und notiert Überschriften für die drei Akte eures Stücks. Danach reicht ihr eure Angaben einmal durch die Klasse. Die Aufgabe der anderen Schüler ist es, zu beurteilen, welches Drama sie am liebsten auf der Bühne sehen würden. Dieses arbeitet dann aus!

Andere Möglichkeit:

Jeder von euch schreibt über ein Urlaubserlebnis eine Inhaltsangabe und teilt es in fünf Akte auf, denen er auch eine Überschrift gibt. Wieder entscheiden die Mitschüler, welches Drama ausgearbeitet werden soll.[10]

(62) Ein Name

Einsatz: Mittel-, Oberstufe
Arbeitsform: Einzel-, Gruppenarbeit
Zeit: Eine Doppelstunde
Material: Stift und Papier

Bei dieser Schreibübung soll es um einen bestimmten Lebensabschnitt von euch gehen. So könnt ihr zum Beispiel den letzten Sommer, das Schülerpraktikum oder ein Schuljahr als Zeitspanne wählen. Jeder von euch schreibt nun die Namen der Personen auf, die in diesem Zeitraum eine Rolle für ihn gespielt haben. Danach gebt ihr die Namensliste an einen Mitschüler weiter, der eine Person von der Liste auswählt. Zu dieser sollt ihr nun eine Szene schreiben, in der ihr eine Episode darstellt, die ihr mit diesem Menschen erlebt habt.

(63) Das ungleiche Paar

Einsatz: Mittel-, Oberstufe
Arbeitsform: Einzel-, Gruppenarbeit
Zeit: Eine Doppelstunde
Material: Stift und Papier

Sammelt mit eurem Lehrer zunächst verschiedene Charaktertypen an der Tafel. Dabei solltet ihr nicht nur die einzelnen Eigenschaften benennen, sondern auch ganz genau beschreiben. Damit ihr euch die Charaktere besser vorstellen könnt, ist es sinnvoll, in der Klasse Situationen zu schildern, die typisch für die verschiedenen Figuren sind.
Anschließend sucht sich jeder von euch zwei Charaktere aus, die vollkommen gegensätzlich sind. Die beiden sollen nun in einer Szene, die jeder für sich alleine verfasst, aufeinander treffen.
Stellt ihre jeweiligen Eigenschaften ruhig überspitzt dar. Ihr könnt sogar so tun, als bestünde die Person nur aus dieser einzigen Eigenschaft.

Beispiele für Charaktereigenschaften:

- jähzornig
- harmoniebedürftig
- neugierig
- ängstlich
- schwatzhaft
- schweigsam
- verlogen
- lustig
- träge
- aggressiv
- vertrauensselig
- albern
- vorlaut
- depressiv

(64) Die andere Seite

Einsatz: Oberstufe
Arbeitsform: Einzelarbeit
Zeit: Eine Stunde
Material: Stift und Papier

Lest den Ausschnitt aus der Kurzgeschichte *Die Freundin meines Freundes*[11] von Nadja Einzmann. Schreibt dann einen inneren Monolog, den die neue Freundin des Freundes führt. Wie wirkt die Ich-Erzählerin auf ihre Nachfolgerin?

Andere Möglichkeiten:

- Verfasst einen inneren Monolog, den der ehemalige Freund der Ich-Erzählerin führt.
- Entwerft ein Gespräch, das der Freund mit seiner neuen Freundin nach der Party führt.

Auszug aus *Die Freundin meines Freundes*:

Dass mein Freund wieder eine Freundin hat, kann ich ihm nicht verdenken. Er war lange, zu lange allein. Hübsch ist sie, mit viel weißem Fleisch um die Hüften und auch die Schultern rund und weiß. Er hat sie mir vorgestellt, sie saß einfach dabei auf einer Gartenparty, lachte, als hätte sie nie anderswo gesessen und mit anderen Leuten. Ich war etwas später gekommen, die Lichterketten über den Bäumen leuchteten schon rot, grün, blau und gelb, und es wurde kühl.
Ich unterhielt mich meist über den Tisch hinweg und musterte sie nur aus einem Augenwinkel: kein Mauerblümchen, sicher nicht. Wie sie die Hände in die Luft warf beim Erzählen oder die Finger in einem sanften Schwung nach außen drehte, gefiel sie mir durchaus. Ein graues Strickkleid trug sie aus glänzender Wolle, ein Kettenhemd, ein Schuppenkleid, jeden Fischer hätte sie damit

aus seinem Boot und in die Fluten ziehen können. Wie es über ihre Rundungen fiel und zeigte, was es sollte, das war durchdacht.

Nicht ihretwegen war ich Richtung Buffet gegangen, sicher nicht, nur ein Stück kalter Pizza hatte ich mir holen wollen. Aber da stand sie, hatte den Kopf zur Seite geneigt und schaute so von unten herauf, einem schlaksigen jungen Mann in die begehrlichen Augen. Sie sagte kaum etwas, nichts Entgegenkommendes jedenfalls. Aber sie hörte zu, lachte und tänzelte hin und her auf ihren dünnstieligen, silbernen Riemchensandaletten.

Sie ist ein voller Erfolg, sagte mein Freund stolz, und war wenig aufmerksam, als ich ihm etwas erzählte. Es trockneten mir die Worte im Mund, und blass war ich sicher und langnasig, wenn er so glücklich nach ihr ausspähte, einen Zipfel ihres Kleides zu erhaschen, ihre Hand weiß um ein Glas, oder ein wenig Bein. …

Jetzt tanzte er enger mit ihr, als er mit mir je, und lagen nicht auch seine Arme brauner und muskulöser um ihre Hüften? Kaum einmal ein Blick zu mir hin, die ich alleine auf dem Stuhl saß. …

Ich zwinkerte den beiden zu, diese Kumpanei wird erwartet, und führte Frauengespräche mit ihr, als sie sich zu mir setzte. Vorzuwerfen habe ich mir nichts. Ein glattes Ende. Und unsere Nähe war seine zu mir gewesen. Nur dass ich ihm zum Abschied: Sei vorsichtig, und Auf die kannst du nicht bauen, sagte, war unnötig und geschah nicht aus Sorge.

(65) Drama über die Liebe

Einsatz: Mittel-, Oberstufe
Arbeitsform: Einzelarbeit
Zeit: Eine Doppelstunde
Material: Stift und Papier

Bei dieser Übung sind eure persönlichen Vorstellungen gefragt: Wie stellt ihr euch die perfekte Liebesbeziehung vor? Wie soll sie anfangen? Wie soll der andere sein und aussehen? Nachdem ihr eure Ideen kurz notiert habt, denkt euch vier Figuren aus. Überlegt, wer in wen verliebt ist und wie sie versuchen, einander kennen zu lernen und sich näher zu kommen. Oder sind zwei schon lange miteinander befreundet und verlieben sich jetzt erst ineinander? Vielleicht helfen den beiden Verliebten auch Freunde auf die Sprünge. Eure Notizen über die eigenen Vorstellungen können euch behilflich sein, das Geschehen, das ihr nun in Dialoge fassen sollt, zu bestimmen.

Erste Variante:

Jeder von euch soll die vorgegebenen vier Personen in ein Stück über eine Liebesbeziehung einbauen.

- Mira (18): Basketball ist ihr größtes Hobby. Gleich dreimal die Woche trainiert sie in ihrem Verein mit einer gemischten Mannschaft. Der Respekt der Jungen für ihre Fähigkeiten ist ihr sicher. Sie kann sich vor Einladungen kaum retten.
- Sven (19): Der smarte Junge ist auf derselben Schule wie Mira und kennt sie vom Sehen her. Er ist eher ruhig. Wenn man ihn länger kennt, zeigt er seinen Witz und seine Tiefsinnigkeit.
- Helen (17): Als Nachbarin von Sven kennt sie ihn schon von Kindesbeinen an. Sie sind gut miteinander befreundet.

– Matthias (23): In seiner Freizeit trainiert er eine Fußballjugendmannschaft. In der Stadt ist er als sozialer und netter Mensch bekannt. Nicht zuletzt auch, weil seine Eltern durch ihre Arztpraxis einen guten Ruf genießen.

Zweite Variante:

Sammelt an der Tafel Figuren aus der Literatur. Beschreibt die Personen kurz in Bezug auf ihren Charakter und ihre Vorlieben. Nun sucht sich jeder Schüler zwei davon aus, ohne den anderen mitzuteilen, um welche Figuren es sich dabei handelt, und verfasst einen Dialog zwischen den beiden. Wie würden sie sich einander vorstellen? Versucht, charaktertypische Aussagen oder Verhaltensweisen der ›Prominenten‹ in euren Dialog (und gegebenenfalls auch in die Regieanweisungen) einfließen zu lassen.

(66) Sprache als Erkennungsmerkmal

Einsatz: Mittel-, Oberstufe
Arbeitsform: Einzelarbeit
Zeit: Eine Doppelstunde
Material: Stift und Papier

Einige Menschen drücken sich eher vornehm und gewählt aus, andere benutzen mehr umgangsprachliche Formulierungen. Oft hängt der sprachliche Ausdruck mit der sozialen Schicht, aus der man stammt, zusammen.
Georg Büchner nutzt dieses Wissen um die unterschiedlichen Sprachstile in seinem Werk *Woyzeck*. Dort kann sich Woyzeck, die Hauptfigur, viel schlechter ausdrücken als der Hauptmann. Er hat einen beschränkten Wortschatz und spricht in unvollständigen und gebrochenen Sätzen. Dazu kommt, dass er einen Dialekt bzw. Soziolekt hat.
Ihr sollt nun selbst Beispiele für aktuelle Sprachunterschiede an der Tafel zusammentragen. Dazu könnt ihr euch fragen, wie eure Großeltern, Eltern oder eure Freunde reden. Außerdem habt ihr sicher schon an öffentlichen Plätzen den Sprachstil von Passanten belauscht. Im Anschluss schreibt jeder eine Dramenszene, in der Menschen aus verschiedenen sozialen Schichten und Altersgruppen miteinander reden. Die Differenzen müsst ihr so genau wie möglich darstellen.

Andere Möglichkeit:

Jeder von euch denkt sich eine Figur aus, die einen für sie typischen Wortschatz und eine unverkennbare Sprache verwendet. Diese Person begeht ein Verbrechen und wird schließlich durch ihre Verwendung eines bestimmten Wortes oder Ausdrucks erkannt und entlarvt. Ihr könnt euch ähnliche Situationen ausdenken, in denen die Sprache einer Person bestimmend für den Verlauf der Handlung wird. Verfasst ein kurzes Stück dazu.

Teil III: Lyrisches

(67) Motivationsgedichte

Einsatz: Unter-, Mittelstufe
Arbeitsform: Einzelarbeit
Zeit: Eine Stunde
Material: Stift und Papier

Für einen Einstieg in das Schreiben von Gedichten eignen sich besonders Motivationsgedichte. Statt genauer Vorgaben wird lediglich das Thema des Gedichtes genannt und man kann frei entscheiden, ob man ein kurzes oder langes, ein gereimtes oder ungereimtes, ein kritisches, heiteres oder nachdenkliches Gedicht verfassen möchte.

Das Thema sollen Gedichte selbst sein. Schreibt einfach drauflos! Einzige Bedingung ist, dass ihr Verse produziert.

Mögliche Themen:

- Was bedeuten mir Gedichte?
- Soll/kann ich dichten?
- Kann ein Gedicht schön oder auch hässlich sein?
- Die Schwierigkeit, ein Gedicht zu schreiben.
- Ich mag Gedichte, weil …
- Ich habe Angst vor Gedichten, weil …

(68) Bildgedichte

Einsatz: Unter-, Mittelstufe
Arbeitsform: Einzel- oder Gruppenarbeit
Zeit: Eine Stunde
Material: Stift und Papier

Als Einstieg in die visuelle Form der Lyrik eignet sich das Schreiben von Bildgedichten. Diese Gedichte zeichnen sich durch eine bestimmte optische Form aus, die im Zusammenhang mit dem Inhalt des Textes steht. Beispielsweise kann ein Gedicht über einen Baum in Form eines Baumes geschrieben werden.
Ihr könnt beim Dichten Formen erfinden, die euren Assoziationen zum Thema entsprechen.

Themenvorschläge:

Dick, dünn, krumm, gerade, leise, laut, Stern, Sonne, Blume.

Zwei Beispiele für Bildgedichte:

TIMM ULRICHS

un-ordnung

ordnung ordnung
ordnung ordnung
ordnung ordnung
ordnung ordnung
ordnung ordnung
ordnung unordn g
ordnung ordnung
ordnung ordnung
ordnung ordnung
ordnung ordnung
ordnung ordnung[12]

CHRISTIAN MORGENSTERN

Die Trichter

Zwei Trichter wandeln durch die Nacht.
Durch ihres Rumpfs verengten Schacht
fließt weißes Mondlicht
still und heiter
auf ihren
Waldweg
u. s.
w.[13]

(69) Gedichte aus Alltagstexten

Einsatz: Unter-, Mittel-, Oberstufe
Arbeitsform: Einzel- oder Gruppenarbeit
Zeit: Eine Stunde
Material: Stift, Papier, Zeitungsartikel

Es führt zu interessanten Ergebnissen, wenn ein Alltags- oder Gebrauchstext plötzlich Gedichtform annimmt. Während eine normale Zeitungsmeldung auf den ersten Blick wenig Lyrisches enthält, kann eine Umwandlung der Zeitungsnotiz oft Überraschendes zu Tage bringen.

Aufgabe:

Sucht euch allein oder gemeinsam einen kurzen Artikel oder eine Meldung aus einer Tageszeitung heraus und schreibt das Gelesene in Versform um. Die Zeichensetzung kann frei geändert werden, so können zum Beispiel Sätze zu Fragen umgebaut werden. Besonders gut eignen sich Annoncen, wie das nachfolgende Beispiel deutlich macht.

ERICH FRIED

Tiermarkt / Ankauf

Der Polizeipräsident
in Berlin sucht:
Schäferhundrüden.
Alter ein bis vier Jahre
mit und ohne
Ahnentafel

Voraussetzungen: einwandfreies Wesen
rücksichtslose Schärfe
ausgeprägter Verfolgungstrieb

Schußgleichgültig
und
gesund

Überprüfung
am ungeschützten Scheintäter
Hund mit Beißkorb

Gezahlt werden
bis zu
750,- DM

Angebote an:
Der Polizeipräsident
in Berlin W-F 1

1 Berlin 42
Tempelhofer Damm 1–7
Tel. 96 10 91

Apparat
27 61
Strich 64

Diese Anzeige des Polizeipräsidiums erschien im Westberliner *Tagesspiegel* am 28. Februar und 7. März 1970. 28. Februar: Reißkorb; 7. März: Beißkorb – Wortlaut nicht verändert, nur in Verse geteilt.[14]

(70) Ein Gedicht in Prosaform

Einsatz: Unter-, Mittelstufe
Arbeitsform: Einzel- oder Gruppenarbeit
Zeit: Eine Stunde
Material: Stift und Papier

Aufgabe 1:

Das Gedicht *Zum 11. April 1855* von Hoffmann von Fallersleben wurde in Prosaform umgewandelt. Ihr habt die Aufgabe, das Gedicht wieder in freie Verse umzuformen. Die Zeichensetzung könnt ihr nach Belieben verändern oder auf sie verzichten.

Dein Geburtstag heute wieder, und der Frühling kommt zu mir, und das schönste aller Lieder säng' ich heute gerne dir. Fühl' ich mich doch neu geboren Und des Lebens erst bewußt, seit mein Herz dich hat erkoren zur Genossin meiner Lust. Laß mich nur den Glückwunsch sagen in des Glückes Überschwang: Höre meines Herzens Schlagen! Nimm die Freude für Gesang! Drum sei dein Geburtstag wieder heute dir, was mir er ist, denn das schönste meiner Lieder ist, daß du geboren bist![15]

Aufgabe 2:

Lest die beiden folgenden Texte laut vor und versucht zu erklären, worin sie sich unterscheiden und was das Gedicht von Theodor Storm zu einem lyrischen Text macht. Schreibt selbst ein Gedicht (keine Prosa!) zum Thema ›Meeresstrand‹.

Meeresstrand
Die Möwe fliegt nun ans Haff, und Dämmerung bricht herein. Der Abendschein spiegelt über die feuchten Watten. Graues Geflügel huscht neben dem Wasser her. Die Inseln liegen im Nebel auf dem Meer wie Träume. Ich

höre den geheimnisvollen Ton des gärenden Schlammes und einsames Vogelrufen. So war es schon immer. Der Wind schauert noch einmal leise und schweigt dann. Die Stimmen, die über der Tiefe sind, werden vernehmlich.[16]

THEODOR STORM

Meeresstrand

Ans Haff fliegt nun die Möwe,
Und Dämmrung bricht herein;
Über die feuchten Watten
Spiegelt der Abendschein.

Graues Geflügel huschet
Neben dem Wasser her;
Wie Träume liegen die Inseln
Im Nebel auf dem Meer.

Ich höre des gärenden Schlammes
Geheimnisvollen Ton,
Einsames Vogelrufen –
So war es immer schon.

Noch einmal schauert leise
Und schweiget dann der Wind;
Vernehmlich werden die Stimmen,
Die über der Tiefe sind.[17]

(71) Elfchen

Einsatz: Unter-, Mittel-, Oberstufe
Arbeitsform: Einzelarbeit
Zeit: 10 Minuten
Material: Stift und Papier

Ein Elfchen ist ein Kurzgedicht, das sich aus elf Wörtern in fünf Versen zusammensetzt. In der ersten Verszeile steht ein Wort, in der zweiten zwei Wörter, in der dritten drei, in der vierten vier, und die letzte Zeile besteht wieder aus einem Wort. Verfasst nun anhand dieser Vorgaben ein Elfchen.

Ein möglicher Bauplan für ein Elfchen wäre:

1. Zeile: Eine Farbe (1 Wort)
2. Zeile: Etwas, das diese Farbe hat (2 Wörter)
3. Zeile: Dessen genauere Bestimmung (3 Wörter)
4. Zeile: Über mich selbst (mit »ich« beginnend) (4 Wörter)
5. Zeile: Ein abschließender Gedanke/Einfall (1 Wort)

Beispiele:

Weiß
Die Wolken
Sie ziehen vorbei
Ich zöge gern mit
Fernweh

Schwarz
Die Nacht
Es bleibt still
Ich höre trotzdem zu
Nichts

Selbstverständlich können die Vorgaben auch variiert werden. Beispielsweise könnte das erste Wort auch einen Ort benennen.

(72) Haikus

Einsatz: Unter-, Mittel-, Oberstufe
Arbeitsform: Einzelarbeit
Zeit: 10 bis 15 Minuten
Material: Stift und Papier

Ein Haiku ist ein japanisches Kurzgedicht aus drei Verszeilen. Im Gegensatz zum Elfchen kennzeichnet das Haiku keine strenge Wortvorgabe, sondern die genaue Anzahl der Silben. Die erste und dritte Zeile bestehen jeweils aus fünf Silben, während die zweite Zeile sieben Silben hat. Traditionell handeln Haikus von Naturerscheinungen und konfrontieren diese mit einem Gegensatz oder lassen Allgemeineres an ihm sichtbar werden.

Beispiele:

Sternenlicht im Teich –
Immer wieder trübt der Wind
seine Spiegelung.

(Sora)

Morgennebeldunst
Wie ein hingemalter Traum
geht ein Mensch vorbei![18]

(Buson)

(73) Wachsgedichte

Einsatz: Unter-, Mittel-, Oberstufe
Arbeitsform: Einzelarbeit
Zeit: Eine Stunde
Material: Stift und Papier

Ein Wachsgedicht[19] ›wächst‹ mit jedem Vers um eine nähere Bestimmung der ersten Verszeile. In der ersten Zeile steht nach Möglichkeit ein Wort, das in den darauf folgenden Versen immer näher beschrieben wird. Besonders reizvoll ist ein solches Gedicht, wenn es im letzten Vers wieder mit einem einzelnen Wort abschließt. Dieses Wort kann entweder ein Schlussgedanke sein oder ein Wort, das bereits im Gedicht vorkam und gewissermaßen als Essenz übrig geblieben ist.
Als Anfangswörter können zum Beispiel Naturerscheinungen, Tages- und Jahreszeiten oder ein Gefühl dienen.

Beispiel:

Sonne
Gleißende Sonne
Gleißende Sonne und strahlender Himmel
Gleißende Sonne, strahlender Himmel und kühles Nass
Sommergedanken

Mögliche Startwörter:

Winter, Herbst, Sommer, Wald, Baum, See, Wind, Stille, Meer, Vogel, Rabe, Hase, Mond, Sterne, Sternschnuppe, Hirsch, Komet, Wiese, Zaun, Rind, Melancholie, Angst, Freude, Schwermut, Hysterie, Ausgelassenheit.

(74) Richtige Reihenfolge!

Einsatz: Mittel-, Oberstufe
Arbeitsform: Gruppenarbeit
Zeit: Eine Stunde
Material: Stift und Papier

Die Strophen des Gedichtes *Maifest*[20] von Johann Wolfgang Goethe sind in falscher Reihenfolge abgedruckt. Ihr sollt nun kleine Gruppen bilden und gemeinsam die Strophen wieder in die richtige Reihenfolge bringen und das Gedicht in seiner endgültigen Form niederschreiben. Dabei sollt ihr den Aufbau des Gedichtes diskutieren und anschließend die Neuordnung der Strophen begründen.

JOHANN WOLFGANG GOETHE

Maifest

O Mädchen, Mädchen,
Wie lieb' ich dich!
Wie blickt dein Auge!
Wie liebst du mich!

Es dringen Blüten
Aus jedem Zweig
Und tausend Stimmen
Aus dem Gesträuch,

Du segnest herrlich
Das frische Feld,
Im Blütendampfe
Die volle Welt.

Wie herrlich leuchtet
Mir die Natur!
Wie glänzt die Sonne!
Wie lacht die Flur!

Und Freud und Wonne
Aus jeder Brust.
O Erd, o Sonne!
O Glück, o Lust!

Wie ich dich liebe
Mit warmem Blut,
Die du mir Jugend
Und Freud und Mut

So liebt die Lerche
Gesang und Luft,
Und Morgenblumen
Den Himmelsduft,

Zu neuen Liedern
Und Tänzen gibst.
Sei ewig glücklich,
wie du mich liebst!

O Lieb, o Liebe!
So golden schön,
Wie Morgenwolken
Auf jenen Höhn!

(75) Bausatz

Einsatz: Unter-, Mittel-, Oberstufe
Arbeitsform: Einzel- oder Gruppenarbeit
Zeit: 20 Minuten pro Aufgabe
Material: Stift und Papier

Aufgabe 1:

Im folgenden Gedicht *Das Mädchen aus der Fremde*[21] von Friedrich Schiller sind die Verse und Strophen durcheinander geraten. Ihr sollt diese nun wieder ordnen. Das Original setzt sich aus sechs Strophen zu je vier Versen zusammen.

Erschien mit jedem jungen Jahr,
Sie war nicht in dem Thal gebohren,
Entfernte die Vertraulichkeit.
Gereift auf einer andern Flur,
Doch schnell war ihre Spur verloren,
Dem Früchte, *jenem* Blumen aus,
In einem andern Sonnenlichte,
Ein Mädchen, schön und wunderbar.
Der Jüngling und der Greis am Stabe,
Willkommen waren alle Gäste,
In einem Thal bei armen Hirten
Der Blumen allerschönste dar.
Ein jeder gieng beschenkt nach Haus.
Sobald das Mädchen Abschied nahm.
Beseligend war ihre Nähe,
Sie brachte Blumen mit und Früchte,
Doch nahte sich ein liebend Paar,
Sobald die ersten Lerchen schwirrten,
Man wußte nicht, woher sie kam,
Und alle Herzen wurden weit,
Und theilte jedem eine Gabe,
Doch eine Würde, eine Höhe
Dem reichte sie der Gaben beste,
In einer glücklichern Natur.

Aufgabe 2:

Das Gedicht *Das ästhetische Wiesel*[22] von Christian Morgenstern wurde in seine einzelnen Wörter zerlegt und soll nun wieder zusammengesetzt werden. Die Groß- und Kleinschreibung sowie die Zeichensetzung nach den einzelnen Wörtern wurden zur Vereinfachung beibehalten.

-Wiesel-auf-inmitten-Ein-einem-ihr-Wisst-saß-tats-Das-Mondkalb-Kiesel-verriet-im-es-Stillen:-Bachgeriesel.-mir-weshalb?-Das-Reimes-Tier-des-willen.-um-raffinierte

Aufgabe 3:

In diesem etwas anspruchsvolleren Bausatz sind die Verse zweier Gedichte (Ernst Stadler: *Anrede*[23] und Georg Trakl: *Verfall*[24]) durcheinander geraten. Die Länge und Form der Verse sowie die Zeichensetzung wurden beibehalten. Versucht, die vorgegebenen Verse den Gedichten zuzuordnen und diese zu rekonstruieren. Wo liegen die Schwierigkeiten? Was vereinfacht die Aufgabe?

Durch meiner Seele enge Mulden schießt die Zeit
Folg ich der Vögel wundervollen Flügen,
Und fühl der Stunden Weiser kaum mehr rücken.
Es schwankt der rote Wein an rostigen Gittern,
Und hinter dessen quellend goldnem Grund
Doch deiner Tage Bild ist hoch und fern,
Die lang geschart, gleich frommen Pilgerzügen,
Ewiges Zeichen, schützend um dein Schicksal
hergestellt.
Indes wie blasser Kinder Todesreigen
Mein Bestes glüht und lischt – ein irrer Stern,
Träum ich nach ihren helleren Geschicken
So folg ich über Wolken ihren Fahrten.
Du aber bist der Spiegel, über dessen Rund
Ich bin nur Flamme, Durst und Schrei und Brand.
Die Amsel klagt in den entlaubten Zweigen.

Auf meinem Leibe brennt das Mal: Vergänglichkeit.
Da macht ein Hauch mich von Verfall erzittern.
Am Abend, wenn die Glocken Frieden läuten,
Wie dunkles Wasser, heftig, rasch und unerkannt.
Entschwinden in den herbstlich klaren Weiten.
Die großen Bäche alles Leben gehn,
Im Wind sich fröstelnd blaue Astern neigen.
Die toten Dinge schimmernd auferstehn.
Hinwandelnd durch den dämmervollen Garten
Um dunkle Brunnenränder, die verwittern,
Der in den Abgrund blauer Sommernächte fällt –

(76) Gedichte ergänzen und weiterschreiben

Einsatz: Mittel-, Oberstufe
Arbeitsform: Einzelarbeit
Zeit: Eine Stunde
Material: Stift und Papier

Aufgabe 1:

Das Gedicht *Verborgenheit*[25] von Eduard Mörike ist unvollständig abgedruckt. Ihr habt nun die Aufgabe, die fehlenden Wörter nach eurer Vorstellung zu ergänzen. Es steht euch frei, eines oder mehrere Wörter in die Lücken einzusetzen.

Laß, ---- o laß mich sein!
Locket nicht mit ----,
Laßt dies ---- alleine haben
Seine Wonne, seine ----!

Was ich ---- weiß ich nicht,
Es ist unbekanntes Wehe;
Immerdar durch Tränen ----
Ich der Sonne ----.

Oft bin ich mir kaum bewußt,
Und ----
Durch ----, so mich drücket
Wonniglich in meiner Brust.

Laß, ---- o laß mich sein!
Locket nicht mit ----,
Laß dies ----- alleine haben
Seine Wonne, seine ----!

Aufgabe 2:

Johann Wolfgang Goethes Gedicht *Beherzigung*[26] wurde um die Schlussstrophe gekürzt. Schreibt eine Strophe, die sich auf die Fragen der ersten bezieht. Länge und Form spielen dabei keine Rolle.

Ach, was soll der Mensch verlangen?
Ist es besser, ruhig zu bleiben?
Klammernd fest sich anzuhangen?
Ist es besser, sich zu treiben?
Soll er sich ein Häuschen bauen?
Soll er unter Zelten leben?
Soll er auf die Felsen trauen?
Selbst die festen Felsen beben.

--
--
--
--

(77) Parallelgedichte

Einsatz: Unter-, Mittel-, Oberstufe
Arbeitsform: Einzelarbeit
Zeit: 30 Minuten pro Aufgabe
Material: Stift und Papier (evtl. Zeitschriften)

Aufgabe 1:

BERTOLT BRECHT

Vergnügungen

Der erste Blick aus dem Fenster am Morgen
Das wiedergefundene alte Buch
Begeisterte Gesichter
Schnee, der Wechsel der Jahreszeiten
Die Zeitung
Der Hund
Die Dialektik
Duschen, Schwimmen
Alte Musik
Bequeme Schuhe
Begreifen
Neue Musik
Schreiben, Pflanzen
Reisen
Singen
Freundlich sein.[27]

Schreibt ein Parallelgedicht zu diesem Gedicht von Bertolt Brecht. Euer Gedicht soll ebenfalls mit »Vergnügungen« überschrieben sein und eine Aufzählung der Dinge enthalten, die euch Vergnügen bereiten. Das Gedicht sollte ebenfalls aus 16 Versen bestehen, deren Länge jedem Autor selbst überlassen bleibt.

Variante:

Ihr könnt auch ein gegensätzliches Parallelgedicht über unangenehme Dinge schreiben. Dieses könnte zum Beispiel den Titel »Ärgernisse« tragen.

Aufgabe 2:

INGEBORG BACHMANN

Reklame

Wohin aber gehen wir
ohne sorge sei ohne sorge
wenn es dunkel und wenn es kalt wird
sei ohne sorge
aber
mit musik
was sollen wir tun
heiter und mit musik
und denken
heiter
angesichts eines Endes
mit musik
und wohin tragen wir
am besten
unsre Fragen und Schauer aller Jahre
in die Traumwäscherei ohne sorge sei ohne sorge
was aber geschieht
am besten
wenn Totenstille
eintritt[28]

Schreibt ebenfalls ein Parallelgedicht zu *Reklame* von Ingeborg Bachmann. Sammelt zu diesem Zweck prägnante Werbeslogans aus Zeitschriften oder aus Funk und Fernsehen. Zunächst könnt ihr die nicht kursiv gedruckten Verse des Gedichtes beibehalten und die Slogans (kursiv gedruckt) durch aktuelle Werbesprüche ersetzen. Ihr könnt aber auch ein völlig neues Gedicht schreiben, in dem ihr eigene Verse mit Stücken von Werbetexten mischt.

Aufgabe 3:

Ihr habt beim Verfassen des nächsten Parallelgedichtes mehr inhaltliche Freiheiten. Nach dem Muster des Gedichtes *Sonntagvormittag* von Karl Krolow sollt ihr ein eigenes Gedicht mit dem gleichen Titel verfassen. Es soll eine für euch typische Situation an einem Sonntagvormittag beschreiben. Die Form eures Gedichts soll dabei der Form des vorgegebenen Gedichtes bezüglich der Strophen- und Versanzahl entsprechen.

KARL KROLOW

Sonntagvormittag

Unerwartet
Ist es still geworden
Die Motorräder schlafen
Unter Wirtshausbäumen
Und die Fahrräder träumen
Bei Coca-Cola
Von der nächsten Kurve
Die sie schneiden werden.

Löwenzahnsamen
Treiben ihnen ins Glas
Der Sonntag ist mittags
Hell wie die Iris.

Die keine Wimper beschattet.
Niemand mag aufbrechen.
Man sitzt weiter beisammen.
Auf blauen Gartenstühlen.

Ganz langsam zerfällt dann nachmittags
Die Landschaft zu Staub.
Den die Schnelligkeit zurückließ.[29]

(78) Gedichttitel

Einsatz: Unter-, Mittel-, Oberstufe
Arbeitsform: Einzelarbeit
Zeit: 15 Minuten pro Gedicht
Material: Stift und Papier

Der Titel eines Gedichtes kann unterschiedliche Funktionen haben. Manche Gedichte sind ohne den Titel nur schwer verständlich, da der Titel den Inhalt der Verse mitbestimmt und in einen bestimmten Kontext stellt. In anderen Gedichten wiederum findet der Titel im Gedicht erneut Erwähnung. Oft ist auch der Titel eines Gedichtes identisch mit dem Gedichtanfang.
Findet für die folgenden Gedichte jeweils einen geeigneten Titel, den ihr als Autor wählen würdet. Es geht also nicht darum, den Titel zu finden, den der jeweilige Autor selbst gewählt hat, sondern eigene Titel zu erfinden, die in euren Augen zu den Gedichten passen.

Hilfreiche Fragen:

Wovon handelt das Gedicht?
Ergibt das Gedicht ohne Titel für euch einen Sinn?
Was assoziiert ihr mit diesen Versen?

1.

Das Fräulein stand am Meere
Und seufzte lang und bang,
Es rührte sie so sehre
Der Sonnenuntergang.

Mein Fräulein! sein Sie munter,
Das ist ein altes Stück;
Hier vorne geht sie unter
Und kehrt von hinten zurück.[30]

2.

Klingt im Wind ein Wiegenlied,
Sonne warm herniedersieht,
Seine Ähren senkt das Korn,
Rote Beere schwillt am Dorn,
Schwer von Segen ist die Flur –
Junge Frau, was sinnst du nur?[31]

3.

Mit gelben Birnen hänget
Und voll mit wilden Rosen
Das Land in den See,
Ihr holden Schwäne,
Und trunken von Küssen
Tunkt ihr das Haupt
Ins heilignüchterne Wasser.

Weh mir, wo nehm ich, wenn
Es Winter ist, die Blumen, und wo
Den Sonnenschein,
Und Schatten der Erde?
Die Mauern stehn
Sprachlos und kalt, im Winde
Klirren der Fahnen.[32]

(79) Lautgedichte

Einsatz: Unter-, Mittelstufe
Arbeitsform: Einzel-, Gruppenarbeit
Zeit: Eine Doppelstunde
Material: Stift und Papier

Gedichte können mit Lauten spielen. Sowohl Lautmalereien als auch der spielerische Umgang mit Worten und Buchstaben wirken besonders, wenn ein Gedicht mündlich vorgetragen wird. Ihr sollt in Gruppen gemeinsam eine Liste mit lautmalerischen Wörtern und Fantasiewörtern erstellen, die eine typische Geräuschkulisse an folgenden Orten beschreiben: Wald, Bahnhof, Disco, Strand, Baustelle, Schwimmbad, Schulhof, Flughafen, Fußballstadion, Tennisplatz, Bushaltestelle, Innenstadt, Restaurant, Café, Sauna, Klassenraum.

In Einzelarbeit sollt ihr nun mit Hilfe dieser Wörter ein lautmalerisches Gedicht schreiben. Dieses Gedicht muss keinen Sinn ergeben, es kann auch ausschließlich aus lautmalerischen Fantasiewörtern bestehen.
In verschiedenen Übungen könnt ihr probieren, mit Wörtern und Lauten zu spielen. So könnt ihr zum Beispiel in einer Diskussion herausfinden, welche Konsonanten und Vokale welche Wirkung auf den Zuhörer haben.
Ihr könnt auch versuchen, Wörter so zu schreiben, wie sie in einem bestimmten Dialekt ausgesprochen werden, oder Vokale in einzelnen Wörtern durch andere zu ersetzen.

Eine spielerische Alternative:

Schreibt ein Parallelgedicht nach dem Muster von Ernst Jandls Gedicht *ottos mops* zu einem der Laute *a*, *e*, *i*, *u*, *au*, *ei* oder *eu*. Tragt anschließend die Gedichte der Klasse vor. Welche Wirkung haben bestimmte Vokale auf die Zuhörer?

ottos mops

ottos mops trotzt
otto: fort mops fort
ottos mops hopst fort
otto: soso

otto holt koks
otto holt obst
otto horcht
otto: mops mops
otto hofft

ottos mops klopft
otto: komm mops komm
ottos mops kommt
ottos mops kommt
ottos mops kotzt
otto: ogottogott[33]

(80) Dialoggedichte

Einsatz: Unter-, Mittelstufe
Arbeitsform: Einzelarbeit
Zeit: Eine Stunde
Material: Stift und Papier, Interview/Dramentext

Ihr sollt aus einem vorgegebenen Dialog ein Gedicht schreiben. Zu diesem Zweck besorgt sich jeder aus einer Zeitschrift oder einem Buch einen Dialog. Dafür eignen sich beispielsweise Dramen oder ein Interview aus einer Zeitung. Um den Rahmen nicht zu sprengen, sollte der Dialog nicht zu lang sein.

Hier ein paar Leitfragen für die Schreibarbeit:

- Welche Möglichkeiten gibt es, einen Dialog lyrisch darzustellen?
- Wo könnten Schwierigkeiten auftreten?
- Was macht den Reiz eines Dialoggedichtes aus?
- Ist das Gedicht für den Leser auf Anhieb verständlich?

Variante:

Sucht zu Hause nach Gedichten oder Balladen, die eine Dialogsituation enthalten. Schreibt diesen Text in eine dialogische Erzählung um. – Hier Theodor Fontanes Ballade *Herr von Ribbeck auf Ribbeck im Havelland* zum Üben:

Herr von Ribbeck auf Ribbeck im Havelland,
Ein Birnbaum in seinem Garten stand,
Und kam die goldene Herbsteszeit
Und die Birnen leuchteten weit und breit,
Da stopfte, wenn's Mittag vom Turme scholl,
Der von Ribbeck sich beide Taschen voll,
Und kam in Pantinen ein Junge daher,
So rief er: »Junge, wiste 'ne Beer?«

Und kam ein Mädel, so rief er: »Lütt Dirn,
Kumm man röwer, ick hebb 'ne Birn.«

So ging es viel Jahre, bis lobesam
Der von Ribbeck auf Ribbeck zu sterben kam.
Er fühlte sein Ende. 's war Herbsteszeit,
Wieder lachten die Birnen weit und breit;
Da sagte von Ribbeck: »Ich scheide nun ab.
Legt mir eine Birne mit ins Grab.«
Und drei Tage drauf, aus dem Doppeldachhaus,
Trugen von Ribbeck sie hinaus,
Alle Bauern und Büdner mit Feiergesicht
Sangen »Jesus meine Zuversicht«,
Und die Kinder klagten, das Herze schwer:
»He is dod nu. Wer giwt uns nu 'ne Beer?«

So klagten die Kinder. Das war nicht recht –
Ach, sie kannten den alten Ribbeck schlecht;
Der *neue* freilich, der knausert und spart,
Hält Park und Birnbaum strenge verwahrt.
Aber der *alte*, vorahnend schon
Und voll Mißtraun gegen den eigenen Sohn,
Der wußte genau, was damals er tat,
Als um eine Birn ins Grab er bat,
Und im dritten Jahr aus dem stillen Haus
Ein Birnbaumsprößling sproßt heraus.

Und die Jahre gehen wohl auf und ab,
Längst wölbt sich ein Birnbaum über dem Grab,
Und in der goldenen Herbsteszeit
Leuchtet's wieder weit und breit.
Und kommt ein Jung' übern Kirchhof her,
So flüstert's im Baume: »Wiste 'ne Beer?«
Und kommt ein Mädel, so flüstert's: »Lütt Dirn,
Kumm man röwer, ick gew' di 'ne Birn.«

So spendet Segen noch immer die Hand
Des von Ribbeck auf Ribbeck im Havelland.[34]

(81) Wortfelder

Einsatz: Unter-, Mittel-, Oberstufe
Arbeitsform: Einzel-, Gruppenarbeit
Zeit: Eine Stunde
Material: Stift und Papier, Tafel / großes Papier

Es ist nicht immer einfach, die richtige Wortwahl zu treffen. So könntet ihr zum Beispiel unzufrieden mit einer unschönen Wortwiederholung in einem eurer Gedichte sein oder das Gefühl haben, der Text sei nicht poetisch und klinge flach.
Hier könnt ihr Abhilfe schaffen. Die Erstellung eines Wortfeldes bietet die Möglichkeit, unterschiedliche Wörter mit der gleichen oder einer ähnlichen Bedeutung zu sammeln und mit diesen dann zu arbeiten. Zu dem Wort »Beispiel« etwa kann man folgendes Wortfeld erstellen: Muster, Probe, Vorbild, Erklärung, Veranschaulichung, Darstellung, Exempel.
Sammelt Wörter, mit denen ihr in euren Gedichten Probleme hattet, und legt ein Wortfeld zu diesem Wort an. Die Klasse kann auch gemeinsam im Rahmen eines Brainstormings ein Wortfeld erarbeiten, das dann an die Tafel oder auf ein großes Plakat geschrieben wird.
Für Jüngere eignen sich Wortfelder zu Wörtern wie »gehen«, »sprechen«, »schreiben« oder »schlafen«.
In höheren Klassenstufen können sich die Schüler bereits mit komplexeren Wortfeldern auseinander setzen. Dabei sollten vor allem Wörter behandelt werden, die schwieriger zu ersetzen oder nicht eindeutig sind. So können auch Metaphern und Bilder für ein Wort gefunden werden. Mögliche Schlüsselwörter für solche Wort- oder Metaphernfelder sind: »Liebe«, »Strand«, »Gott«, »Seele« oder »Vergänglichkeit«.

(82) Übersetzung

Einsatz: Oberstufe
Arbeitsform: Einzel- oder Gruppenarbeit
Zeit: Eine Stunde
Material: Stift und Papier, Wörterbuch Englisch-Deutsch (für die Variante: Deutsch-Englisch)

Die Übersetzung eines lyrischen Textes in eine andere Sprache birgt verschiedene Schwierigkeiten. Denn selbst wenn die Vokabeln bekannt sind, sollte das Gedicht seinen sprachlichen Reiz auch in der anderen Sprache nicht verlieren.
Dabei erfordert es Feingefühl, sich in gewissem Maß von der wörtlichen Übersetzung zugunsten einer poetischen Ausdrucksweise zu lösen, aber dennoch den Stil des Verfassers zu erhalten.
Mit Hilfe eines Wörterbuches sollt ihr nun das unten stehende Gedicht übersetzen und den Text dann stilistisch anpassen oder gegebenenfalls ändern.
Dabei müsst ihr als ungeübte Übersetzer nicht zwingend den Stil des englischsprachigen Gedichtes im Deutschen beibehalten. Es genügt, die Übersetzung so anzupassen, dass das Gedicht auch im Deutschen lesbar ist, ohne nach einer holprigen Übersetzung zu klingen.
Vergleicht nach der Übersetzungsarbeit eure Versionen. Dabei sollt ihr klären, wo Probleme lagen und wie man es besser machen könnte.

WYSTAN HUGH AUDEN

Orpheus

What does the song hope for? And the moved hands
A little way from the birds, the shy, the delightful?
    To be bewildered and happy,
    Or most of all the knowledge of life?

But the beautiful are content with the sharp notes of the air,
The warmth is enough. O if winter really
    Oppose, if the weak snowflake,
    What will the wish, what will the dance do?[35]

Variante:

Im Englischunterricht kann auch die Übersetzung eines deutschen Gedichtes ins Englische vorgenommen werden.

(83) Leitmotive und Clustering

Einsatz: Unter-, Mittel-, Oberstufe
Arbeitsform: Einzelarbeit
Zeit: Eine Doppelstunde
Material: Stift und Papier

Das Clustering ist eine Möglichkeit, Ideen und Assoziationen zu bestimmten Leitmotiven zu sammeln und zu ordnen (vgl. Übung 14). Ihr sollt eines der unten stehenden Leitmotive auswählen und einen Cluster dazu erstellen.
Dazu schreibt jeder von euch ein Wort als Leitmotiv in die Mitte einer Seite; lasst euch dann von euren spontanen Assoziationen leiten. Schreibt sie um das Leitmotiv herum und verbindet sie durch Pfeile. So entsteht eine Assoziationskette, die von einem Einfall zum nächsten führt und gar nicht mehr in direktem Zusammenhang mit dem Leitmotiv des Clusters steht.

Leitmotive:

Sehnsucht – Zeit – Liebe – Freude – Freundschaft – Trauer – Vater – Mutter – Angst – Glaube – Zuversicht – Hoffnung – Enttäuschung – Körper – Geist.

Nachdem ihr zu einem dieser Leitmotive einen Cluster erarbeitet habt, sollt ihr einen Text zu diesem Thema in freien Versen schreiben. Dabei könnt ihr frei über Strophen- und Versanzahl, Groß- und Kleinschreibung, Einrückung etc. entscheiden.

(84) Automatisches Schreiben

Einsatz: Unter-, Mittelstufe
Arbeitsform: Einzelarbeit
Zeit: Eine Stunde pro Aufgabe
Material: Stift und Papier, Bilder, Gegenstände

Aufgabe 1:

Jeder von euch sucht sich einen Platz seiner Wahl aus, beispielsweise auf dem Schulhof unter einem Baum oder in einem Park. Dann schreibe spontan ein Gedicht über deine Umgebung oder ein Detail davon. Das Ergebnis soll deine ersten Eindrücke präsentieren und nicht auf eine bestimmte Form festgelegt sein. Am besten schreibst du das Gedicht einfach auf, ohne abzusetzen oder nachzudenken. Anschließend sollen die Gedichte in der Klasse ausgestellt werden.

Aufgabe 2:

Der Lehrer legt euch ein Bild vor (beispielsweise von Dalí, Miró oder van Gogh), ihr sollt dazu in kurzer Zeit ein spontanes Gedicht verfassen. Auch hier sollen die ersten Assoziationen ausgedrückt werden.
Anschließend betrachtet ihr erneut das Bild und schreibt noch einmal ein Gedicht darüber. Dabei habt ihr diesmal mehr Zeit und könnt in Ruhe über Form und Wortwahl nachdenken. Anschließend vergleicht ihr beide Werke. Welche Unterschiede sind erkennbar? Welche Elemente sind in beiden Gedichten enthalten? Welche Gedankengänge wurden näher ausgeführt und weitergedacht?

Aufgabe 3:

Jeder erhält einen Gegenstand aus dem alltäglichen Leben. Dazu schreibst du ein spontanes Gedicht. Trage es deinen Mitschülern vor. Die sollen sich zu dem Werk kritisch äußern. Anschließend hast du 15 Minuten Zeit, dein Gedicht zu überarbeiten und danach erneut vorzutragen. Berücksichtige bei der Überarbeitung die Kritik deiner Mitschüler.

Mögliche Gegenstände:

Schlüssel, Handy, Münze, Stift, Klopapierrolle, Gefäß, Schokolade, Schere, Besteck, Uhr, Schmuck, Briefumschlag, Streichhölzer, Werkzeug, Radiergummi, Spiegel, Pinsel, Murmeln, Kreide, Spielkarten, Lippenstift, Ball, Glocke, Würfel, Kaugummi, Taschenrechner, Lineal, Knopf, Nadel …

(85) Der Reim

Einsatz: Unter-, Mittelstufe
Arbeitsform: Einzelarbeit
Zeit: Eine Doppelstunde
Material: Stift und Papier

In der modernen Lyrik hat der Reim bei weitem keinen so hohen Stellenwert mehr wie in der Dichtung bis zum Beginn des 20. Jahrhunderts. Für viele Autoren wirkt der Zwang des Endreims hemmend auf das Verfassen eines sinnvollen Gedichtes. Einige Dichter sind darüber hinaus der Auffassung, der Reim verleihe einem Gedicht einen heiteren Charakter, der seine Aussage in ein falsches Licht stellen könnte. Jedoch kann der Reim auch als satirisches Element verwendet werden – um beispielsweise den heiteren Charakter der äußeren Form in Kontrast zum ernsten Inhalt zu stellen.
Andererseits haben sich die Anforderungen an einen guten Reim im Laufe der Zeit sogar erhöht. Viele Reime haben sich mittlerweile durch häufige Benutzung erschöpft. So scheint es kaum möglich, ein ernsthaftes Gedicht mit Reimen wie »Liebe – Triebe«, »Haus – Maus – aus«, »Herz – Schmerz« oder »Sonne – Wonne« zu bestücken.
Die Funktion des Reimes beschränkt sich im Übrigen nicht auf die klangliche Verzierung eines Gedichtes. Beim Leser oder Zuhörer baut sich eine sogenannte Reimspannung oder Reimerwartung auf, die zum Spannungsbogen eines Gedichtes beiträgt. Oft ist ein gelungener Reim die Pointe eines Gedichtes. Auch das überraschende Auslassen eines Reimes kann große Effekte haben und muss geübt werden. Die Reimspannung in einem Gedicht fällt je nach Reimform größer oder kleiner aus.

Die wichtigsten Reimschemata werden im Folgenden kurz wiederholt:

1. Beim *Paarreim* reimen sich jeweils zwei aufeinander folgende Verszeilen (aabb):

Ich dichte schon den ganzen Morgen, (a)
denn Reimen macht mir viele Sorgen. (a)
Und lerne ich das Reimen nicht, (b)
bleibt dieses nur ein Kurzgedicht. (b)

2. Beim *Kreuzreim* reimt sich jede Verszeile auf die übernächste Verszeile (abab):

Ich dichte schon den ganzen Morgen, (a)
und lerne doch das Reimen nicht, (b)
das Reimen macht mir viele Sorgen, (a)
deshalb bleibt dies ein Kurzgedicht. (b)

3. Beim *umarmenden* oder *umfassenden Reim* reimt sich die erste auf die vierte und die zweite auf die dritte Verszeile (abba):

Ich dichte schon den ganzen Morgen, (a)
doch lerne ich das Reimen nicht, (b)
dieses bleibt ein Kurzgedicht, (b)
macht mir doch Reimen viele Sorgen. (a)

4. Ungewöhnlicher und schwieriger ist der *Schweifreim*, bei dem auf zwei Paarreime jeweils Einzelverse folgen, die sich ebenfalls aufeinander reimen. Die beiden Paarreime können unterschiedlich sein oder auch den gleichen Reim aufweisen (aabccb oder aabaab):

Ich dichte schon den ganzen Morgen, (a)
denn Reimen macht mir viele Sorgen. (a)
Und lerne doch das Reimen nicht, (b)
Ein Schweifreim fällt mir kaum noch ein, (c)
Drum werde ich bald fertig sein, (c)
und dieses bleibt ein Kurzgedicht. (b)

oder:

Ich dichte schon den ganzen Morgen, (a)
denn Reimen macht mir viele Sorgen. (a)
Und lerne ich das Reimen nicht, (b)
bleibt der Wortsinn euch verborgen, (a)
drum werde ich euch nur versorgen (a)
mit diesem kleinen Kurzgedicht. (b)

5. Ein ziemlich ungebräuchliches Reimschema ist der *Reihenreim*, bei dem alle Verszeilen den gleichen Reim aufweisen (aaaa):

Ich dichte schon den ganzen Morgen, (a)
doch bleibt der Wortsinn mir verborgen. (a)
Das Reimen macht mir viele Sorgen, (a)
so dicht ich noch bis übermorgen. (a)

6. Häufiger gebraucht wird hingegen der *unterbrochene Reim*, bei dem sich jede zweite Zeile reimt, während sich die erste und dritte Zeile nicht reimen (xaxa):

Ich dichte schon den ganzen Morgen, (x)
nur reimen kann ich leider nicht, (a)
drum werde ich nicht weitermachen, (x)
und bleib bei diesem Kurzgedicht. (a)

Ihr sollt versuchen, ebenfalls ein scherzhaftes Gedicht zu schreiben, als Vorlage sucht ihr euch eines der angeführten Reimschemata aus. Eine solche Übung eignet sich zum Beispiel für das Stundenende, wo ihr einen lustigen Vierzeiler über die vergangene Unterrichtsstunde verfassen könnt.

(86) Einstiegsübungen zum Reim

Einsatz: Unter-, Mittelstufe
Arbeitsform: Einzel-, Gruppenarbeit
Zeit: 10 bis 15 Minuten pro Aufgabe
Material: Stift und Papier

Aufgabe 1:

Im folgenden Gedicht[36] fehlen jeweils bestimmte Wörter. Sie sollen von euch ergänzt werden.

JOSEPH VON EICHENDORFF

Weihnachten

Markt und Straßen stehn verlassen,
Still erleuchtet jedes ----,
Sinnend geh ich durch die ----,
Alles sieht so festlich aus.

An den Fenstern haben Frauen
Buntes Spielzeug fromm ----,
Tausend Kindlein stehn und ----,
Sind so wunderstill beglückt.

Und ich wandre aus den ----
Bis hinaus ins freie Feld,
Hehres Glänzen, heil'ges Schauern!
Wie so weit und still die ----!

Sterne hoch die Kreise schlingen,
Aus des Schneees Einsamkeit
Steigt's wie wunderbares ----
O du gnadenreiche ----!

Aufgabe 2:

Im folgenden Gedicht[37] von Wilhelm Busch wurden einige Reimwörter durch andere Wörter ersetzt. Ihr sollt die richtigen Reimwörter wieder einsetzen.

Es sitzt ein Vogel auf dem Leim,
Er flattert sehr und kann nicht fort.
Ein schwarzer Kater schleicht herbei,
Die Krallen scharf, die Augen gluh.
Am Baum hinauf und immer höher,
Kommt er dem armen Vogel nahe.
Der Vogel denkt: Weil das so ist,
Und weil mich doch der Kater kriegt,
So will ich keine Zeit vergeuden,
Will noch ein wenig quinquillieren
Und lustig pfeifen wie vorher.
Der Vogel, scheint mir, hat Humor.

Aufgabe 3:

Gemeinsam in einer kleinen Gruppe soll folgendes Reimspiel gespielt werden: Ein Schüler schreibt einen Vers auf ein Blatt Papier und gibt dieses an seinen Nebenmann weiter. Dieser muss einen Vers finden, der sich auf den vorangegangenen reimt. Anschließend muss er einen neuen Vers aufschreiben und das Papier so falten, dass sein Nachbar nur die letzte Zeile sehen kann und eine reimende Verszeile ergänzen kann. Nachdem jeder Schüler mindestens eine Zeile beigetragen hat, wird das Gedicht laut vorgelesen.

Variante:

Dieses Spiel kann auch mündlich gespielt werden. Jeder Schüler sagt einen Satz, den sein Nachbar mit einem reimenden Vers ergänzt. Die Schwierigkeit kann erhöht werden, wenn das entstehende Gedicht aus Kreuzreimen oder umfassenden Reimen bestehen soll.

(87) Reimfelder

Einsatz: Unter-, Mittel-, Oberstufe
Arbeitsform: Einzel- oder Gruppenarbeit
Zeit: Eine Stunde
Material: Stift und Papier

Als Übung zum Reimen sollt ihr eigene Reimfelder erstellen. Zu vorgegebenen Wörtern sollt ihr allein oder in Gruppen so viele Reimwörter wie möglich finden. Diese Übung könnt ihr als Wettbewerb gestalten, indem jeder von euch beziehungsweise jede Gruppe das gleiche Wort vorgegeben bekommt. Für die Erstellung mehrerer Reimfelder sollten die Wörter unterschiedlich sein. Beispielwörter: Licht – schaffen – sein – Hut – Bauch – geben – Mann – Luft.
Es lohnt sich, ungewöhnliche Reime zu suchen, welche die Reimspannung, die beim Zuhörer oder Leser aufgebaut wird, nicht enttäuschen. So ist es einfach, auf das Wort »Sonne« das Wort »Wonne« zu reimen, allerdings wäre dieser Reim nicht besonders originell. Ungewöhnliche Reime sind nicht ganz einfach zu finden, führen aber zu einem besseren Ergebnis. Für eigene Reimfelder eignen sich deshalb vor allem Alltagswörter, die zunächst nicht in einem Gedicht erwartet werden, wie beispielsweise »Medizin« oder »sozial«.
Beispiele für ungewöhnliche Reimpaare: Keks – unterwegs; hundert – sich wundert; Papier – Spalier; Gleise – Schneise; Mathematik – Kernphysik. Jeder von euch sollte beim Erstellen eines Reimfeldes auf altbekannte Reime verzichten. So solltet ihr als Reim auf das Wort »Regen« nicht »Segen« wählen, sondern auf Worte wie »verlegen«, »erlegen« oder »verwegen« ausweichen.

(88) Reimformen

Einsatz: Mittel-, Oberstufe
Arbeitsform: Einzel-, Gruppenarbeit
Zeit: Eine Stunde
Material: Stift und Papier

In einer Diskussionsrunde sollt ihr über die Reime bereits besprochener oder selbst verfasster Gedichte diskutieren. Was fällt euch an den Texten auf? Welche Probleme und Unklarheiten gab es beim Erstellen eines Reimfeldes?
Im Folgenden werden verschiedene Reimformen erläutert und einige Arbeitsanweisungen für eure Diskussion gegeben.

1. Zunächst muss die Grundunterscheidung zwischen *männlichen* (= stumpfen) und *weiblichen* (= klingenden) Reimen getroffen werden. Man spricht von einem männlichen oder stumpfen Reim, wenn nach dem betonten Vokal des reimenden Wortes nur Konsonanten folgen. Beispiele: sagt – wagt, lebt – schwebt, gehst – stehst, Platz – Hatz usw.
Steht nach dem betonten Vokal allerdings eine ganze unbetonte Silbe, spricht man von einem weiblichen oder klingenden Reim. Beispiele: Leben – geben, Fenster – Gespenster, sagen – tragen usw.
Welche Wirkung haben diese Reimformen in den zu besprechenden Gedichten?
Ihr sollt nun ein wenig mit der Wirkung männlicher und weiblicher Reime experimentieren. Eine einfache Übung ist es, ein Reimpaar wie »tragen – wagen« zu konjugieren. So könnt ihr ausprobieren, wie zum Beispiel »ihr tragt – ihr wagt« (männlich) im Gegensatz zu »sie tragen – sie wagen« (weiblich) auf den Zuhörer wirkt und welche Bedeutung somit das klangliche Versende für das Gesamtbild des Gedichtes hat.

2. Während klingende und stumpfe Reime die häufigsten Reimformen sind, gibt es noch verschiedene andere Erscheinungsformen. Man spricht von einem *identischen Reim*, wenn entweder exakt das gleiche Wort als Reim ›ausgegeben‹ wird (Beispiel: »ist – ist«) oder aber das gleiche Wort in einer anderen Wortform als Reim fungiert (Beispiel: »lesen – Lesen«). Ist der Klang der Reimwörter zwar identisch, die Bedeutung der Wörter jedoch unterschiedlich, spricht man von einem *äquivoken Reim* (Beispiel: »ist – isst«; »Feld – fällt«). Ein Reim, der keinen vollen lautlichen Gleichklang zeigt, sondern sich lediglich durch Klangähnlichkeit der Reimwörter auszeichnet, nennt man einen unreinen Reim (Beispiel: »sprießen – grüßen«, »süß – ließ«).
Diese unterschiedlichen Reimformen sind euch eventuell bereits in eigenen oder fremden Gedichten begegnet. Anhand von Beispielen könnt ihr nun über folgende Fragen diskutieren:

- Welche Wirkung hat ein unreiner oder ein identischer Reim auf den Leser oder Zuhörer?
- Wird die Reimerwartung durch eine ungewöhnlichere Reimform enttäuscht?
- Verliert ein Gedicht durch identische Reime seinen Reiz?
- In welchen Fällen habt ihr selbst schon unreine oder identische Reime benutzt?
- Gibt es Beispiele, bei denen ein unreiner oder ein identischer Reim raffinierter wirkt als ein reiner Reim?
- Wirkt ein äquivoker Reim anders auf einen Leser als auf einen Zuhörer? Warum?

(89) Schüttelreime

Einsatz: Unter-, Mittel-, Oberstufe
Arbeitsform: Einzelarbeit
Zeit: Eine Stunde
Material: Stift und Papier

Man spricht von einem Schüttelreim, wenn bei einem Doppelreim die Konsonanten am Anfang der beiden betonten Reimsilben vertauscht sind:

a) Ach, könnt ich ohne Kleider leben,
die jetzt am Leib mir leider kleben.

b) Schrecklich, wie man wieder lallt
heut im deutschen Liederwald.

Ihr sollt nun selbst Schüttelreime finden und daraus Zweizeiler oder Vierzeiler schreiben.
Da dies keine leichte Aufgabe ist, sollt ihr erst einmal verschiedene Reimfelder erstellen und geeignete Paare für einen Schüttelreim finden. Sucht hierfür nach sogenannten Minimalpaaren, bei denen sich durch den Austausch des Anfangskonsonanten ein neuer Wortsinn ergibt. Dann sammelt ebensolche Paare für ein anderes Wort und versucht, ein Schüttelreimpaar zusammenzustellen.
Beispiel: *Wand – Land – Sand – Strand – Band – Hand*; *leben – streben – weben – neben – heben – geben* ergibt unter anderem die Schüttelreime: *Land streben – Strand leben* oder *Band weben – Wand beben.* Es erfordert etwas Übung, aus solchen Wortpaaren einen sinnvollen Zwei- oder Vierzeiler zusammenzustellen.

(90) Metrum und Rhythmus

Einsatz: Mittel-, Oberstufe
Arbeitsform: Einzelarbeit
Zeit: Eine Doppelstunde
Material: Stift und Papier, Gedichte und Liedtexte

Bis jetzt habt ihr vermutlich eure Übungsgedichte geschrieben, ohne euch vorher auf ein bestimmtes Metrum festzulegen oder bewusst mit Metrum und Rhythmus zu arbeiten.
Nun sollt ihr zunächst eure eigenen Gedichte nach Metrik und Rhythmus analysieren und feststellen, mit welchem Metrum ihr bewusst oder unbewusst bis jetzt vorzugsweise gearbeitet habt. Ergeben sich Ähnlichkeiten? Könnt ihr eure Wahl begründen? Besteht ein Unterschied in der Metrik der gereimten Übungsgedichte und der ungereimten? Woran liegt das?
Je nach eurem Wissensstand sollt ihr nun auf bereits im Unterricht bearbeitete Gedichte zurückgreifen und diese hinsichtlich ihres Metrums analysieren. In einer Diskussion kann geklärt werden, welche Funktion das Metrum und der Rhythmus beziehungsweise die Betonung für den Charakter des Gedichtes hat. Zum Vergleich können auch Liedtexte herangezogen werden.
Als Nächstes sollt ihr in eigenen oder fremden Gedichten nach Unebenheiten in der Metrik suchen. Stolpert ihr über bestimmte Stellen in einem Gedicht? Welche Wirkung hat das auf euch?
Schreibt nun selbst Gedichte, in denen gezielt auf das Metrum geachtet werden muss:

Aufgabe 1:

Verfasse ein Gedicht von zwei Strophen zu je vier Versen. Das Gedicht soll den Titel *Überraschung* tragen und hauptsächlich jambisch verfasst sein. Inhaltlich braucht ihr euch an keine Vorgaben zu halten.

Aufgabe 2:

Verfasse zu einem Gedicht mit einem bestimmten Metrum zwei Varianten mit jeweils einem anderen Metrum. Die Kernaussage soll, soweit möglich, davon unberührt bleiben. Gib anschließend die drei Gedichte an deinen Nachbarn weiter, der diese laut vorlesen soll. Wo liegen Unterschiede zwischen den Gedichten? Verschiebt sich die Bedeutung der Gedichte durch das Metrum?

Aufgabe 3:

Schreibe ein Gedicht mit vier Strophen. Die erste Strophe soll im Jambus, die zweite im Trochäus, die dritte im Daktylus und die vierte im Anapäst geschrieben sein.

Vereinfachte Variante:

Die erste und dritte Strophe sind trochäisch verfasst, die zweite und vierte Strophe jambisch.

(91) Tombola

Einsatz: Unter-, Mittel-, Oberstufe
Arbeitsform: Einzelarbeit
Zeit: Eine Stunde
Material: Stift und Papier, Lose, vier Behälter

Der Lehrer bereitet Lose für die Schüler vor. Auf den ersten Losen stehen verschiedene Reimschemata (siehe hierzu Übung 85). Die zweite Losgruppe trägt Titel oder Themenvorgaben für mögliche Gedichte. Die dritte Serie von Losen benennt unterschiedliche metrische Schemata, und auf den Losen im vierten Behälter steht jeweils eine Sammlung von unterschiedlichen Reizwörtern, die ein Gedicht enthalten soll.
So entsteht jeweils eine Lostrommel zu den Kategorien ›Metrik‹, ›Reimschema‹, ›Titel/Thema‹ und ›Reizwörter‹. Ziehe nun aus jedem dieser Behälter ein Los und schreibe nach diesen Vorgaben ein Gedicht.
Beispielsweise zieht jemand das Metrum »Jambus«, das Reimschema »Umfassender Reim«, den Titel »Sonnenuhr« und die Reizwörter »Sehnsucht, Liebe, Freude, Melancholie«: Dazu soll er nun ein Gedicht schreiben.

Teil IV: Journalistisches

(92) Vom Sprichwort zum Zeitungsartikel

Einsatz: Mittel-, Oberstufe
Arbeitsform: Einzelarbeit
Zeit: Eine Stunde
Material: Stift und Papier

Denk dir zu einem Sprichwort, das dir besonders gut gefällt, einen Vorfall aus, der das öffentliche Interesse erregt haben könnte. Überlege dir dann, wo das Geschehen stattfand, wer die beteiligten Personen waren und welche Gründe sie für ihr Handeln gehabt haben könnten. Verfasse nun mit Schlagzeile und allem, was dazugehört, einen Zeitungsartikel, der über das Ereignis berichtet. Lass darin auch Augenzeugen zu Wort kommen! Ob und wie du das Sprichwort auch in deinen Artikel einbaust, bleibt ganz dir überlassen.

Einige Beispiele für Sprichwörter:

- Wer andern eine Grube gräbt, fällt selbst hinein.
- Der Krug geht so lange zum Brunnen, bis er bricht.
- Wer einmal lügt, dem glaubt man nicht.
- Wie gewonnen, so zerronnen.
- Die Axt im Haus erspart den Zimmermann.
- Die großen Fische fressen die kleinen.
- Hunde, die bellen, beißen nicht.
- Wer zuerst kommt, mahlt zuerst.
- Jeder ist seines Glückes Schmied.

(93) Von der Zeitungsnotiz zur Erzählung

Einsatz: Mittel-, Oberstufe
Arbeitsform: Einzelarbeit
Zeit: Eine Stunde
Material: Stift und Papier

Anhand der Informationen, die du in der unten stehenden Zeitungsmeldung findest, sollst du eine Erzählung aus der Sicht eines der Beteiligten schreiben. Dazu brauchst du allerdings noch einige zusätzliche Details, die du dir selbst ausdenken kannst. Offene Fragen zu der Meldung wären zum Beispiel: Wer fuhr den PKW? War der Mann in Gedanken? Was hat er vorher erlebt? Wie sehr wurde sein Auto beschädigt? Was bedeutet das für ihn? Wo wollte er gerade hinfahren?

Rotlicht missachtet

Aalen (LP). Obwohl die Ampel noch ›rot‹ zeigte, bog am Mittwoch, gegen 19.10 Uhr, ein PKW von der Daimlerstraße in die B 29 ein und fuhr einem Lastzug in die Seite. Gesamtschaden: 5000 Euro.

(94) Aus der Sicht eines Passanten

Einsatz: Mittel-, Oberstufe
Arbeitsform: Einzelarbeit
Zeit: Eine Stunde
Material: Stift und Papier

Wenn du die unten stehende Meldung liest, fragst du dich bestimmt, warum niemand dem blinden Mann geholfen hat. Schreibe zunächst eine Erzählung aus der Sicht des Mannes. Wie hat er sich gefühlt? Was für Ängste hatte er wohl? Und was hat er über die vorbeigehenden Passanten gedacht?
Im zweiten Schritt sollst du nun zu den Ereignissen eine Erzählung aus der Sicht eines der Passanten schreiben. Was ging wohl in ihm vor? Was hatte er vorher erlebt? Hat er den Mann für einen Penner gehalten? Hatte er es eilig? Was waren seine Gründe, dem Blinden nicht zu helfen?

Blindem nicht geholfen

DELRAY BEACH, 16. September (AP). Ein Blinder im Alter von 70 Jahren, der versehentlich im falschen Ort aus dem Omnibus gestiegen war, hat in Delray Beach (US-Staat Ohio) nach Mitteilung der Polizei 15 Stunden lang vergebens auf einer Parkbank auf Hilfe gewartet. In der ganzen Zeit saß er, ohne etwas zu essen oder zu trinken zu haben und während die Lufttemperatur auf 32 Grad stieg, auf der Bank und sprach 15 Passanten an, die alle seine Bitte um Hilfe ignorierten.[38]

(95) Von der Ballade zum Zeitungsartikel

Einsatz: Mittel-, Oberstufe
Arbeitsform: Einzelarbeit
Zeit: Eine Stunde
Material: Stift und Papier

Lies zunächst Theodor Fontanes Ballade *Die Brück am Tay*. Worum geht es hier? Versuche die sechs W-Fragen zu beantworten: Wer? Was? Wann? Wo? Wie? Warum? Schreibe, je nachdem wie viel dir dazu einfällt, eine kurze Meldung oder einen längeren Zeitungsbericht über die Ereignisse.

THEODOR FONTANE

Die Brück am Tay
(28. Dezember 1879)

When shall we three meet again?
Macbeth.

»Wann treffen wir drei wieder zusamm?«
»Um die siebente Stund, am Brückendamm.«
»Am Mittelpfeiler.«
»Ich lösche die Flamm.«
»Ich mit.«
»Ich komme vom Norden her.«
»Und ich vom Süden.«
»Und ich vom Meer.«
»Hei, das gibt einen Ringelreihn,
Und die Brücke muß in den Grund hinein.«

»Und der Zug, der in die Brücke tritt
Um die siebente Stund?«
»Ei, der muß mit.«

»Muß mit.«
»Tand, Tand
Ist das Gebilde von Menschenhand!«

*

Auf der Norderseite, das Brückenhaus –
Alle Fenster sehen nach Süden aus,
Und die Brücknersleut ohne Rast und Ruh
Und in Bangen sehen nach Süden zu,
Sehen und warten, ob nicht ein Licht
Übers Wasser hin »Ich komme« spricht,
»Ich komme, trotz Nacht und Sturmesflug,
Ich, der Edinburgher Zug.«

Und der Brückner jetzt: »Ich seh einen Schein
Am anderen Ufer. Das muß er sein.
Nun, Mutter, weg mit dem bangen Traum,
Unser Johnie kommt und will seinen Baum,
Und was noch am Baume von Lichtern ist,
Zünd alles an wie zum Heiligen Christ,
Der will heuer *zweimal* mit uns sein –
Und in elf Minuten ist er herein.«

Und es war der Zug. Am Süderturm
Keucht er vorbei jetzt gegen den Sturm,
Und Johnie spricht: »Die Brücke noch!
Aber was tut es, wir zwingen es doch.
Ein fester Kessel, ein doppelter Dampf,
Die bleiben Sieger in solchem Kampf.
Und wie's auch rast und ringt und rennt,
Wir kriegen es unter, das Element.

Und unser Stolz ist unsre Brück;
Ich lache, denk ich an früher zurück,
An all den Jammer und all die Not
Mit dem elend alten Schifferboot;

Wie manche liebe Christfestnacht
Hab ich im Fährhaus zugebracht,
Und sah unsrer Fenster lichten Schein
Und zählte und konnte nicht drüben sein.«

Auf der Norderseite, das Brückenhaus –
Alle Fenster sehen nach Süden aus,
Und die Brücknersleut ohne Rast und Ruh
Und in Bangen sehen nach Süden zu;
Denn wütender wurde der Winde Spiel,
Und jetzt, als ob Feuer vom Himmel fiel',
Erglüht es in niederschießender Pracht
Überm Wasser unten ... Und wieder ist Nacht.

»Wann treffen wir drei wieder zusamm?«
»Um Mitternacht, am Bergeskamm.«
»Auf dem hohen Moor, am Erlenstamm.«
»Ich komme.«
»Ich mit.«
»Ich nenn euch die Zahl.«
»Und ich die Namen.«
»Und ich die Qual.«
»Hei!
Wie Splitter brach das Gebälk entzwei!«
»Tand, Tand
Ist das Gebilde von Menschenhand.«[39]

(96) Kommentar

Einsatz: Mittel-, Oberstufe
Arbeitsform: Einzelarbeit
Zeit: Eine Doppelstunde
Material: Stift und Papier

Überlege dir ein Thema aus dem Bereich deiner Schule oder deiner Stadt, zu dem du gerne etwas sagen würdest, und schreibe einen Kommentar dazu. Kommentare sollen den Leser zum Nachdenken anregen. Versuche also, das Thema genau zu analysieren. Welche Argumente könnten den Leser von deiner Meinung überzeugen?
Du denkst vielleicht, Jugendliche haben sowieso nichts Wichtiges zu sagen? Das stimmt nicht! Im Folgenden findest du einen fiktiven Artikel über die Bildung der deutschen Schüler, wie sie nur aus Sicht eines Schülers dargestellt werden kann.
Analysiere die Argumentationsstruktur des Artikels und schreibe in Analogie dazu deinen Kommentar.

Alternative:
Du kannst auch, wenn dir die Meinung der Autorin nicht gefällt, einen Leserbrief zu ihrem Artikel schreiben. Beachte, dass der Leserbrief nicht länger als eine halbe Seite sein darf!

Pisa sagt alles – oder auch nichts.
Warum deutsche Schüler vieles einfach nicht besser wissen können.

Wieder ist das Ergebnis einer Pisa-Studie veröffentlicht worden und wieder haben die deutschen Schüler nur mittelmäßig abgeschnitten. Aber ist das wirklich nur unsere Schuld? Oder leisten die Erwachsenen vielleicht auch ih-

ren Beitrag, indem sie immer wieder nachfragen: »Habt ihr das denn nicht in der Schule gelernt?«
Wenn es um die Frage geht, warum die deutschen Jugendlichen im Vergleich zu den Schülern anderer europäischer Länder so schlecht abschneiden, gelangen viele Erwachsene leider häufig zu dem Schluss: Unsere Jugendlichen sind wohl einfach ganz besonders dumm und faul. Doch diese Leute machen es sich meiner Meinung nach viel zu einfach. Vielmehr scheint mir das Verhältnis zwischen dummen und schlauen, zwischen faulen und fleißigen Schülern noch genauso zu sein wie vor 30 Jahren. Viel entscheidender ist doch, dass die Lehrpläne sich seitdem enorm verändert haben. Schüler von heute haben zwar keine Ahnung, wie die Hauptstadt Norwegens heißt, dafür können sie aber alle Orte auf Amrum aufzählen. »Fachwissen statt Allgemeinbildung« lautet die Devise. Bloß wird das in der Pisa-Studie eben nicht abgefragt.
Warum also denken viele Erwachsene, dass sie zu ihrer Zeit so viel mehr gelernt haben und so viel fleißiger waren? Die Pisa-Studie liefert dafür keinen Beleg. Denn weder erfasst sie den Arbeitseifer der Schüler, noch gibt es eine Vergleichsstudie von 1970, die beweisen würde, dass die Schüler von damals im internationalen Vergleich besser abgeschnitten hätten.
Die Frage lautet also nicht: »Was ist mit uns Schülern los?«, sondern: »Was ist mit unseren Lehrplänen los?« Diese Frage sollte langsam, aber sicher in das Zentrum der Diskussion rücken. Und bis dahin sollten sich unsere Eltern, anstatt sich über unsere mangelnde Allgemeinbildung zu beklagen, lieber darum bemühen, ihr Wissen mit uns zu teilen. Denn man lernt ja schließlich nicht nur in der Schule!

(97) Jetzt wird gelästert!

Einsatz: Oberstufe
Arbeitsform: Einzelarbeit
Zeit: Eine Stunde
Material: Stift und Papier

Im Folgenden findest du eine Zeitungsnachricht, die den Leser darüber informiert, dass noch nicht alle D-Mark-Münzen umgetauscht worden sind. Du sollst versuchen, das Thema satirisch oder bissig aufzuarbeiten und eine Glosse darüber zu schreiben. Mögliche witzige Aspekte, auf die du abzielen könntest, wären zum Beispiel: »Wie faul sind die Deutschen?« oder »Haben wir doch zu viel Geld?«

Tipp: Unter Glosse versteht man einen mit spitzer Feder geschriebenen Text, also einen ironischen, boshaften und kritischen Kurzkommentar zu einem aktuellen Anlass in einer Zeitung oder Zeitschrift.

Die alte D-Mark klebt im Sparschwein

Berlin – Sind wir Deutschen bloß umtauschfaul oder schlicht Nostalgiefans? Knapp drei Jahre nach der Euro-Einführung ist fast die Hälfte (46 Prozent) aller D-Mark-Münzen noch nicht umgetauscht, sagte Bundesbank-Sprecherin Gabriele Reitz-Werner der *Berliner Zeitung*. Dies entspreche einem Wert von umgerechnet 3,74 Milliarden Euro. Insgesamt flossen 24,5 Milliarden D-Mark-Münzen und 191 Millionen Banknoten noch nicht an die Bundesbank zurück. »Wir rechnen mit einer Schwundquote von 40 % des damaligen Umlaufs«, so Gabriele Reitz-Werner.[40]

(98) Einen Leserbrief schreiben

Einsatz: Mittel-, Oberstufe
Arbeitsform: Gruppenarbeit
Zeit: Eine Stunde
Material: Stift und Papier, Zeitschriften

Auch wenn ihr nicht für eine Zeitung schreibt, gibt es einen Weg, eure Meinung zu einem bestimmten Thema kundzutun: den Leserbrief. Unter dieser Rubrik können Leser einer Zeitung oder einer Zeitschrift zu dem, was ein Autor in seinem Artikel geschrieben hat, Stellung nehmen. Ein Teil dieser Briefe wird dann in einer der nächsten Ausgaben veröffentlicht.
Such dir einen Artikel aus deiner Lieblingszeitschrift aus und bring ihn mit zum Unterricht. Setzt euch nun in Gruppen von vier Schülern zusammen. Jede Gruppe einigt sich auf einen Beitrag, zu dem sie eine Meinung äußern möchte. Schreibt nun einen Brief, in dem ihr mitteilt, was ihr zu dem Thema denkt.
Wenn alle Gruppen fertig sind, liest ein Schüler aus jeder Gruppe zunächst dem Rest der Klasse den Artikel vor, danach trägt er den Leserbrief vor. Nun könnt ihr in der Klasse darüber diskutieren. Wenn es sich um einen aktuellen Artikel handelt, könnt ihr auch überlegen, den Brief tatsächlich an die Redaktion der Zeitschrift zu schicken.

(99) Eine Sportreportage schreiben

Einsatz: Mittel-, Oberstufe
Arbeitsform: Einzelarbeit
Zeit: Eine Doppelstunde
Material: Stift und Papier, Videorekorder, Fernsehgerät, Aufnahme eines Fußballspiels

Ein Schüler soll ein Fußball-Bundesligaspiel auf Videokassette aufzeichnen. Seht euch nun im Unterricht die zweite Halbzeit gemeinsam an und versucht dann, eine Reportage dazu zu verfassen. Denkt dabei daran, dass in einer Reportage nicht nur die Fakten wiedergeben werden müssen, ihr sollt auch eure Eindrücke und Gefühle schildern. Versucht also schon beim Zuschauen ganz genau darauf zu achten, wie die Atmosphäre im Stadion ist oder was für einen Eindruck die Spieler auf euch machen. Sind sie gelangweilt oder zuversichtlich, nervös oder aggressiv? Wie verändert sich die Stimmung nach einem Tor oder einer ungerecht verteilten gelben Karte?

(100) Eine Reportage zu einem vorgegebenen Thema schreiben

Einsatz: Mittel-, Oberstufe
Arbeitsform: Einzelarbeit
Zeit: Eine Stunde
Material: Stift und Papier

Als Redakteur einer Zeitung kann man sich seine Themen nicht immer aussuchen, sondern bekommt sie meistens von seinem Chef vorgegeben. Dein Thema für eine kurze Reportage soll nun lauten: »Ich bin unsichtbar und berichte über den Alltag in meiner Klasse.«
Als unsichtbare Person musst du deinen Körper aus dem Klassengeschehen völlig wegdenken. Versuche also, das Geschehen in der Klasse objektiv zu beobachten und die Stimmungen dort in bestimmten Unterrichtsstunden oder in den Pausen zu beschreiben. Welche Situationen kehren immer wieder? Welchen Eindruck machen sie mit ein bisschen Abstand auf dich? Wie verhalten sich die Schüler untereinander? Und den Lehrern gegenüber? Was ist dabei typisch für deine Klasse?

(101) Ein Interview führen

Einsatz: Unter-, Mittel-, Oberstufe
Arbeitsform: Einzelarbeit
Zeit: Eine Doppelstunde
Material: Stift und Papier

Sucht euch für diese Aufgabe eine Person aus eurem Bekanntenkreis aus, die eurer Meinung nach einen spannenden Beruf hat. Überlegt euch anschließend, was ihr gerne über den Alltag in diesem Beruf wissen möchtet und welche Details für den Leser eures Interviews von Interesse sein könnten. Geeignete Fragen wären zum Beispiel:

- Muss man morgens sehr früh aufstehen oder besonders lange arbeiten?
- Wie ist die Person auf die Idee gekommen, sich genau diesen Beruf auszusuchen?
- Wie lange arbeitet sie in diesem Beruf?
- Macht ihr die Arbeit Spaß?
- Wie sieht ein normaler Arbeitstag aus?
- Kann den Beruf jeder erlernen?

Anschließend vereinbarst du einen Termin mit deinem Bekannten und stellst ihm persönlich oder am Telefon die Fragen, die du dir vorher überlegt hast. Schreibe die Antworten möglichst genau auf. Zum Schluss brauchst du noch eine kurze Einleitung für dein Interview. Zum Beispiel könntest du dort erklären, warum du den Beruf deines Bekannten so interessant findest. Lest dann die Interviews in der Klasse vor.

(102) *BILD* contra *FAZ*

Einsatz: Mittel-, Oberstufe
Arbeitsform: Einzelarbeit
Zeit: Eine Stunde
Material: Stift und Papier, Zeitungen (*BILD*, *FAZ*)

Zeitung ist nicht gleich Zeitung. Die einzelnen Zeitungen unterscheiden sich zum Beispiel in der Art der Themen, die sie auswählen. Aber auch wenn zwei Zeitungen über das gleiche Ereignis berichten, kann das sehr unterschiedlich aussehen, wie die beiden folgenden Beispiele zeigen:

Artikel 1 (*FAZ*):

Mit weißer Nelke am Revers

Prinz Bernhard, der mit 93 Jahren gestorben ist, war ein Nationalheld der Niederlande

BRÜSSEL, 2. Dezember. Manchmal kommt es auf eine einzige Entscheidung an. Der am späten Mittwochabend im Alter von 93 Jahren verstorbene niederländische Prinz Bernhard musste sich 1940 entscheiden. Die Truppen seines Vaterlandes Deutschland waren in das Land seiner Frau, der späteren Königin Juliana, einmarschiert. Bernhard stand vor der Wahl: Sollte er, das NSDAP- und SS-Mitglied, Adolf Hitler Gefolgschaft leisten oder sich gegen den Vormarsch der Nationalsozialisten stellen? Der Prinz traf die Entscheidung auf seine Art: Er steckte sich eine weiße Nelke ans Revers und nahm den Kampf gegen die vorstoßende Armee seines Heimatlandes auf. In diesem Moment erhoben ihn die Niederländer vom fremden Prinzen zum Nationalhelden. Die weiße Nelke zierte seine Brust seitdem.[41]

Artikel 2 (*BILD*):

Holland weint um seinen deutschen Skandal-Prinzen

Krebs! Prinz Bernhard (93) starb 257 Tage nach seiner Ehefrau, Königin Juliana

Die Tulpen tragen Trauer. Prinz Bernhard der Niederlande (93) ist tot. Er war deutscher Nazi und holländischer Widerstandskämpfer. Er war Manager und stolperte über eine Million Dollar Schmiergeld. Er war liebevoller Vater und Frauenheld. Dabei war nur eine Frau wirklich wichtig in seinem Leben: Königin Juliana († 95). Sie starb vor gut acht Monaten.
An ihrem Grab zerbrach auch sein Herz. Dem Prinzen fehlte die Kraft, weiter zu kämpfen gegen den Krebs! […][42]

Arbeite nun die Unterschiede in der Berichterstattung der beiden Zeitungen heraus. Wie unterscheiden sich die beiden Artikel voneinander? Achte dabei darauf, wo thematische Schwerpunkte gesetzt werden, aber auch auf die Sprachwahl und die Zeichensetzung.
Versuche anschließend einen kurzen Artikel über ein Thema zu schreiben, das ihr alle kennt. Hierzu eignen sich Märchen sehr gut. Ein mögliches Thema wäre zum Beispiel das Verschwinden der beiden Geschwister Hänsel und Gretel. Schreib den Artikel nun einmal so, wie er in einer Boulevardzeitung erscheinen würde. Der zweite Artikel sollte einem Artikel aus einer anderen großen Tageszeitung, zum Beispiel der *FAZ* oder der *Süddeutschen Zeitung*, gleichen. Schau dir beide Tageszeitungen intensiv an, damit du ihren Stil kopieren kannst.

(103) Einen Leitartikel schreiben

Einsatz: Mittel-, Oberstufe
Arbeitsform: Einzelarbeit
Zeit: Eine Doppelstunde
Material: Stift und Papier, Leitartikel verschiedener Tageszeitungen

Schneidet aus verschiedenen Zeitungen Artikel aus, die ihr für Leitartikel haltet. Präsentiert sie nun vor der Klasse und begründet, wie ihr zu eurer Einschätzung gekommen seid – euer Lehrer hilft euch dabei. Vermerkt die wichtigsten Charakteristika eines Leitartikels an der Tafel. Wenn ihr die einzelnen Merkmale herausgefunden habt, schreibt selbst einen Leitartikel über ein Ereignis aus der gemeinsamen Klassenlektüre, zum Beispiel über den Selbstmord der Titelfigur in Goethes *Die Leiden des jungen Werther.*

(104) Eine Filmkritik schreiben

Einsatz: Mittel-, Oberstufe
Arbeitsform: Einzelarbeit
Zeit: Eine Doppelstunde
Material: Stift und Papier, Videorekorder/DVD-Player, Videokassette oder DVD mit einem Spielfilm, verschiedene Tageszeitungen

Seht euch zusammen in der Klasse einen Spielfilm an. Macht euch dabei Notizen darüber, was euch gut gefällt und was weniger. Wie beurteilt ihr die Schauspieler, die Handlung und die Kameraführung? Versucht, eine kurze Filmkritik zu schreiben. Schaut euch dazu in Zeitschriften und Zeitungen Filmkritiken als Vorbild an.
Ihr könnt auch eine kleine Tabelle unter eure Kritiken setzen, in der ihr dem Film in bestimmten Kategorien Noten gebt oder Punkte verteilt. Vergleicht eure Kritiken nach vollbrachter Schreibarbeit. Wie kommt es zu den unterschiedlichen Sichtweisen? Diskutiert darüber!

(105) Feature zu *Der Tod in Venedig*

Einsatz: Mittel-, Oberstufe
Arbeitsform: Einzelarbeit
Zeit: Eine Stunde
Material: Stift und Papier, Ausgabe von Thomas Manns *Der Tod in Venedig*

Thomas Manns Novelle *Der Tod in Venedig* endet mit dem Satz »Und noch desselben Tages empfing eine respektvoll erschütterte Welt die Nachricht von seinem Tode.« Deine Aufgabe ist es, dir vorzustellen, du seist ein Zeitungsreporter zu Beginn des 20. Jahrhunderts und müsstest nun über den Tod des hier erwähnten Schriftstellers Gustav Aschenbach berichten. Du entscheidest dabei darüber, wie die Welt von seinem Ableben erfahren soll. Du könntest zum Beispiel ein Feature für eine große Tageszeitung schreiben, in dem du alle Hintergründe von Aschenbachs Leben noch einmal beleuchtest. Oder möchtest du lieber der Reporter einer Boulevardzeitung sein und den Skandal um die vertuschte Choleraepidemie in Venedig aufdecken?

Andere Möglichkeit:

Selbstverständlich kannst du auch über ein bedeutendes Ereignis aus einer anderen Klassenlektüre ein Feature schreiben.

(106) Eine Klassenzeitung erstellen

Einsatz: Mittel-, Oberstufe
Arbeitsform: Einzel-, Gruppenarbeit
Zeit: Eine Woche
Material: Stift und Papier, Ausgabe von Robert Schneiders *Schlafes Bruder*, Tageszeitungen

Um eine eigene Zeitung zu dem Roman *Schlafes Bruder* zu erstellen, solltet ihr euch zunächst einmal sehr genau ansehen, wie eine Tageszeitung aufgebaut ist. In welche Ressorts ist sie eingeteilt?
Sammelt Themengebiete, die in Schneiders Roman vorkommen, wie etwa Gesundheit, Beruf, Kirche, Mord, Feuer, Religion, Musik oder Psychologie.
Anschließend sollte sich jeder von euch einen Bereich aussuchen, zu dem er etwas schreiben möchte. Sprecht eure Themen untereinander ab, damit nicht zwei Schüler über das gleiche Thema schreiben. Bevor ihr mit euren Artikeln beginnen könnt, solltet ihr nochmals genau nachlesen, welche Informationen zu euren Themen in dem Roman zu finden sind. Notiert euch diese stichpunktartig. Überlegt euch, woher ihr außerdem Fachinformationen zu den einzelnen Bereichen bekommt.
Ihr müsst auch festlegen, wer von euch was für eine Art von Artikel schreibt. Wer schreibt ein Interview, wer entscheidet sich für eine Reportage und wer übernimmt die Glosse, den Leserbrief oder sogar die Todesanzeige?

Andere Möglichkeit:

Klassenzeitung über eine andere Klassenlektüre.

(107) Jetzt rede ich!

Einsatz: Mittel-, Oberstufe
Arbeitsform: Einzelarbeit
Zeit: Eine Stunde
Material: Stift und Papier

Oft sehen Kinder und Jugendliche die Welt ganz anders als ihre Eltern. Deshalb enden viele Gespräche in endlosen Diskussionen über immer wieder die gleichen Themen. Schreib dir deinen Ärger doch einfach mal von der Seele. Das geht gut in einem Kommentar. Hier darfst du deine eigene Meinung äußern.
Mögliche Konfliktpunkte wären zum Beispiel:

- Ich brauche mehr Taschengeld!
- Mein Freund/meine Freundin soll bei mir übernachten dürfen!
- Ich will abends länger ausgehen!
- Ich ziehe an, was mir gefällt!
- Ich möchte jedes Wochenende in die Disco gehen!
- Ich möchte endlich ein Haustier haben!
- Ich möchte am Wochenende nicht mehr Vaters Wagen waschen!
- Ich möchte nicht mit euch in den Westerwald in Urlaub fahren!
- Muss ich denn jedes Jahr mit zu Omas Geburtstag?
- Wieso bekomme ich nicht endlich einen eigenen Fernseher?
- Ich möchte nicht mehr jeden Tag das Geschirr spülen!
- Wann bekomme ich endlich das längst versprochene Moped?

(108) Den Zeitgeist einfangen

Einsatz: Oberstufe
Arbeitsform: Einzelarbeit
Zeit: Eine Doppelstunde
Material: Stift und Papier

Lies noch einmal den unten abgedruckten Brief vom 10. Mai aus Goethes *Die Leiden des jungen Werther*. Hier geht es besonders um die Naturerfahrung und Natursehnsucht der Titelfigur. Werther gerät bei der Beobachtung seiner Umwelt regelrecht in Verzückung. Solche Begeisterung für die Natur kennen heute nur noch wenige Jugendliche. Aber für die Entstehungszeit des Romans, der Epoche des Sturm und Drang, ist das etwas sehr Typisches. Überlege dir nun, worüber sich ›die Jugend von heute‹ begeistern kann. Mach dir hierzu zunächst Notizen. Schreib alles auf, was dir spontan zu dem Thema einfällt. Wenn du genug Material gesammelt hast, beginne damit, eine Reportage zu schreiben.

Tipp:
Überlege dir vorher, in welchem Stil du die Reportage halten möchtest. Eher sachlich, ironisch oder humorvoll? Auflockern kannst du deinen Text, indem du wahre/erfundene Zitate von Jugendlichen aus deinem Umfeld einstreust.

Auszug aus Goethes *Die Leiden des jungen Werther*:

Am 10. Mai.

Eine wunderbare Heiterkeit hat meine ganze Seele eingenommen, gleich den süßen Frühlingsmorgen, die ich mit ganzem Herzen genieße. Ich bin allein, und freue mich meines Lebens in dieser Gegend, die für solche Seelen geschaffen ist wie für die meine. Ich bin so glücklich, mein

Bester, so ganz in dem Gefühle von ruhigem Dasein versunken, dass meine Kunst darunter leidet. Ich könnte jetzt nicht zeichnen, nicht einen Strich, und bin nie ein größerer Maler gewesen als in diesen Augenblicken. Wenn das liebe Tal um mich dampft, und die hohe Sonne an der Oberfläche der undurchdringlichen Finsternis meines Waldes ruht, und nur einzelne Strahlen sich in das innere Heiligtum stehlen, ich dann im hohen Grase am fallenden Bache liege, und näher an der Erde tausend mannigfaltige Gräschen mir merkwürdig werden; wenn ich das Wimmeln der kleinen Welt zwischen Halmen, die unzähligen unergründlichen Gestalten der Würmchen, der Mückchen näher an meinem Herzen fühle, und fühle die Gegenwart des Allmächtigen, der uns nach seinem Bilde schuf, das Wehen des Allliebenden, der uns in ewiger Wonne schwebend trägt und erhält; mein Freund! wenn's dann um meine Augen dämmert, und die Welt um mich her und der Himmel ganz in meiner Seele ruhn wie die Gestalt einer Geliebten; dann sehne ich mich oft und denke: ach könntest du das wieder ausdrücken, könntest du dem Papiere das einhauchen, was so voll, so warm in dir lebt, dass es würde der Spiegel deiner Seele, wie deine Seele ist der Spiegel des unendlichen Gottes! – Mein Freund – Aber ich gehe darüber zugrunde, ich erliege unter der Gewalt der Herrlichkeit dieser Erscheinungen.[43]

(109) Eine Kontaktanzeige aufgeben

Einsatz: Mittel-, Oberstufe
Arbeitsform: Einzelarbeit
Zeit: Eine Doppelstunde
Material: Stift und Papier, Zeitschrift oder Zeitung mit Kontaktanzeigen, Goethes *Faust I*

Sicherlich bist du beim Blättern in einer Zeitschrift oder Zeitung schon einmal auf Kontaktanzeigen gestoßen. Ziel der Person, die eine solche Anzeige aufgibt, ist es, sich selbst möglichst positiv darzustellen, um möglichst viele Zuschriften zu bekommen. Deine Aufgabe ist es nun, dir eine Figur aus Goethes *Faust I* auszusuchen und für diese eine Kontaktanzeige zu schreiben. Sieh dir dazu die Anzeigen in den Zeitschriften an und überlege, welche Informationen für die Leser solcher Kontaktanzeigen besonders wichtig sind. Übertreibe dabei ruhig ein wenig. Die Annonce darf auch gern ein bisschen ironisch ausfallen.

Beispieltext:

Du könntest für Fausts spätere Geliebte, Grete, eine Kontaktanzeige formulieren. Hier die erste Begegnung zwischen den beiden (Vers 2605–18):

Faust. Margarete vorübergehend.

FAUST:
Mein schönes Fräulein, darf ich wagen,
Meinen Arm und Geleit Ihr anzutragen?
MARGARETE:
Bin weder Fräulein, weder schön,
Kann ungeleitet nach Hause gehn.
(Sie macht sich los und ab.)

FAUST:
Beim Himmel, dieses Kind ist schön!
So etwas hab ich nie gesehn.
Sie ist so sitt- und tugendreich,
Und etwas schnippisch doch zugleich.
Der Lippe Rot, der Wange Licht,
Die Tage der Welt vergess ich's nicht!
Wie sie die Augen niederschlägt,
Hat tief sich in mein Herz geprägt;
Wie sie kurz angebunden war,
Das ist nun zum Entzücken gar![44]

(110) Quidditchreportage

Einsatz: Unter-, Mittelstufe
Arbeitsform: Gruppenarbeit
Zeit: Eine Stunde
Material: Stift und Papier, Harry Potter-Band, Sportseiten einer Tageszeitung

Setzt euch in kleinen Gruppen zusammen und sucht euch aus einem der Harry Potter-Bände ein Quidditchspiel aus, das euch besonders gut gefällt. Stellt euch nun vor, ihr seid ein Sportreporter, der über dieses Spiel berichten soll. Seht euch dazu Sportreportagen in einer Zeitung an. Welche Formulierungen benutzt der Reporter, um seinen Artikel für die Leser interessant zu machen? Bevor ihr nun beginnt, eure Quidditchreportage zu schreiben, notiert ihr euch zuerst die wichtigsten Fakten, die in eurem Artikel auf gar keinen Fall fehlen dürfen. Solche Informationen wären zum Beispiel, welche Spieler besonders gut oder besonders schlecht gespielt haben, wer welche Tore geschossen hat, wie das Spiel ausgegangen ist und welche besonderen Ereignisse es gab. Achtet auch darauf, dass ein Reporter nie als Fan einer der beiden Mannschaften erkennbar sein sollte. Bleibt also möglichst neutral in der Darstellung. Am Ende des Artikels könnt ihr noch kurz berichten, was die Spieler nach der Partie gemacht haben oder wie es jetzt sportlich für sie weitergeht.

(111) Eine Rezension schreiben

Einsatz: Mittel-, Oberstufe
Arbeitsform: Einzelarbeit
Zeit: Eine Stunde
Material: Stift und Papier, Roman deiner Wahl

In Rezensionen werden dem Leser (meist neuerschienene) Bücher vorgestellt. Du sollst nun eine Rezension über ein Buch deiner Wahl schreiben, zum Beispiel über deinen Lieblingsroman. Du musst darin auf jeden Fall erwähnen, worum es in dem Buch geht, was seine Stärken und was seine Schwächen (wenn es solche gibt) sind. Mit Zitaten kannst du das Ganze noch etwas anschaulicher gestalten. Natürlich darf am Ende die Nennung des Autors, des Buchtitels, des Verlages, des Erscheinungsjahres, der Seitenzahl und des Preises nicht fehlen.

Tipp:

Lass dir eine pfiffige Überschrift zu deiner Rezension einfallen! Dein Text darf maximal 1600 Anschläge besitzen.

Hier zwei Beispiel-Rezensionen:

Für Drahtesel-Liebhaber

Sie fahren gerne Fahrrad und lieben das Lesen? Dann bietet dieses Buch von Michael Rudolf ihnen eine Gelegenheit, beide Eigenschaften miteinander zu verbinden. Der Verfasser hat Geschichten und Gedichte rund um ›den Drahtesel‹ gesammelt und zusammengetragen. Enthalten sind Texte bekannter und weniger bekannter Autoren: von Monty Python über Mark Twain bis zu Henry Miller haben alle etwas zu diesem Werk beigetragen. Die Texte sind ganz unterschiedlicher Art: So sind zum Beispiel In-

terviews, Persiflagen, Tourenpläne oder ›Fernsehschaltungen‹ neben Erfahrungsberichten und Zeitungsartikeln enthalten.
Man erfährt, wie das Sechstagerennen in Berlin die Radfans begeistert und Familien auseinander treibt, wie ein Fahrradkurier von seiner Familie verspottet wird oder wie groß die Liebe von Ansgar zu seinem Liegerad ist. Zudem beschreiben die Geschichten viele Radtouren quer durch Deutschland, die jeden Fahrradfan dazu animieren können, auf sein Bike zu steigen und ›loszuradeln‹. Abgerundet werden alle Texte mit Zeichnungen von Ernst Kahl.
Für Fahrradliebhaber ist dieses Buch eine lohnenswerte Lektüre, denn »Fahrräder müssen rollen für den Sieg!«

(Schroeder Leis)

Michael Rudolf (Hg.): Das Fahrradbuch. Leipzig: Reclam 2003. 170 S. 8,90 Euro[16]

Pandora, ein Lesevergnügen

In der lesenswerten Mythos-Reihe des Reclam Verlages liegt nun die neueste Ausgabe auf dem Büchertisch: Mythos Pandora. In der griechischen Sage ist sie die erste Frau, die Mutter aller Mütter: Um die Menschen für den von Prometheus begangenen Feuerraub zu bestrafen, lässt Zeus vom Gott der Schmiedekunst, Hephaistos, Pandora aus »Erde« erschaffen, obendrein wird die »Allbeschenkte« von allen Göttern mit vielen Reizen ausgestattet. Daraufhin wird sie als ›schönes Übel‹ den Menschen übergeben. Trotz der Warnung des Prometheus, von Zeus kein Geschenk anzunehmen, nimmt sein Bruder Epimetheus Pandora zur Frau. Sie öffnet das von ihr mitgebrachte Fass, die berühmte ›Büchse‹ der Pandora, und lässt alle darin eingeschlossenen Übel über die Menschen kommen, nur die Hoffnung bleibt in dem Gefäß. Die Anthologie verdeutlicht, welche Vielfalt in Gestaltung und Deutung

Pandora im Verlauf von über 2000 Jahren in der Kulturgeschichte zuteil geworden ist, sie ist nicht nur ein begehrtes ›schönes Übel‹, sondern auch Symbol der Hoffnung par excellence. Außerdem ist die künstlich hergestellte Pandora, blickt man auf unser Computerzeitalter, Mutter aller ebenso künstlich produzierten Cybergirls. Die Anthologie präsentiert Pandora in elf Kapiteln aus verschiedenen Blickwinkeln, so werden zum Beispiel Texte rund um Pandora und Eva, um die Hoffnung und rund um die Büchse vorgestellt – ein mythologisches Lesevergnügen, das man sich nicht entgehen lassen sollte.

(Juri Reinschmidt)

Immanuel Musäus / Almut-Barbara Renger (Hg.): Mythos Pandora. Texte von Hesiod bis Sloterdijk. Leipzig: Reclam 2002. 286 S. 12,90 Euro[46]

Im Folgenden werden verschiedene Literaturwettbewerbe vorgestellt.

Open Mike: Alle unter 35 Jahren und alle, die noch kein Buch veröffentlicht haben, können mitmachen. Die Texte müssen für eine 15-minütige Lesung ausreichen. Bewerbung an: *www.literaturwerkstatt.org*.

Bettina-von-Arnim-Preis: Der Wettbewerb wird alle zwei Jahre von der Zeitschrift *Brigitte* angeboten. Unveröffentlichte Kurzgeschichten in einer Länge von höchstens sieben Schreibmaschinenseiten sind gefragt. Weitere Infos unter: Redaktion BRIGITTE, Gruner + Jahr, 20743 Hamburg, Stichwort »Bettina-von-Arnim-Preis«.

Dulzinea-Lyrikpreis und Dulzinea-Kurzgedichtepreis für Haiku und Senryû: Bei den Wettbewerben der Zeitschrift *Dulzinea* kann jeder mit beliebig vielen Texten teilnehmen. Das Thema wird vorgegeben. Texte können per E-Mail (*redaktion@dulzinea.de*) oder auf dem Postweg (Dulzinea – Zeitschrift für Lyrik und Bild, Postfach 1927, 36009 Fulda) eingereicht werden. Weitere Infos unter: *www.dulzinea.de* oder *www.lyrikpreis.de*.

Christian-Dietrich-Grabbe-Preis: Ein dramatisches Werk, das noch nicht veröffentlicht wurde und künstlerisch innovativ ist, ist hier einzureichen. Die Stadt Detmold und die Grabbe-Gesellschaft schreiben in Verbindung mit dem Landesverband Lippe alle drei Jahre den Preis aus. Infos unter: Stadt Detmold, KulturTeam, – Stichwort Grabbe-Preis –, Charles-Lindbergh-Ring 10, D-32756 Detmold oder E-Mail: *kulturteam@detmold.de* – Internet: *www.grabbe.de*.

Karlsruher Hörspielpreis: Selbstproduzierte unveröffentlichte Hörstücke mit bis zu 15 Minuten Länge zeichnet *Querfunk Kultur* mit dem Karlsruher Hörspielpreis aus. Thematische Vorgaben gibt es nicht. Infos unter: *hoerspielpreis@querfunk.de* und *www.querfunk.de/kultur/hoerspielpreis.html.*

Ein umfassendes und sehr informatives Verzeichnis von Literaturwettbewerben findet man unter *www.uschtrin.de/preise.html.*

Literaturhinweise

Anders, Petra: Poetry Slam. Live-Poeten in Dichterschlachten. Ein Arbeitsbuch. Mühlheim an der Ruhr 2004.

Baurmann, Jürgen: Schreiben – Überarbeiten – Beurteilen. Ein Arbeitsbuch zur Schreibdidaktik. Seelze 2002.

Berger, Norbert: Schreiben nach literarischen Vorlagen. Produktiver Literaturunterricht in der Sekundarstufe. 2., überarb. Aufl. Donauwörth 1999.

Böhncke, Heiner: Kreatives Schreiben für die 5. bis 8. Klasse. Berlin 2004.

– Kreatives Schreiben für die 3. und 4. Klasse. Berlin 2004.

Braukmann, Werner: Freies Schreiben. Praxishandbuch für die Sekundarstufe I und II. Berlin 2004.

Czech, Gabriele / Johannes Volmert (Hrsg.): Schreiben im integrativen Deutschunterricht. Baltmannsweiler 2003.

DuPont, Lonnie Hull: Haiku schreiben. Einführung in die Kunst, den Augenblick in Worte zu fassen. Hamburg 2004.

Eberhard, Christel: Kreatives Schreiben im 1. und 2. Schuljahr. München/Düsseldorf/Stuttgart 2004.

Erlach, Dietrich / Bernd Schurf (Hrsg.): Kurzprosa. Kreatives Schreiben und Textverstehen. Handbuch für den Unterricht. Berlin 2001.

Häusermann, Jürg: Journalistisches Texten. Sprachliche Grundlagen für professionelles Informieren. Konstanz 2001.

Kellner, Norbert: Literarische Kreativität. Warum schreiben? Wie schreibt man Literatur? Was ist (gute) Literatur? Düsseldorf/Leipzig/Stuttgart 1999.

Odgers, Sally: Geschichten schreiben – so geht's. In 9 Schritten zum gelungenen Text. Donauwörth 2004.

Pyerin, Brigitte: Kreatives wissenschaftliches Schreiben. Tipps und Tricks gegen Schreibblockaden. Weinheim/München 2001.

Rico, Gabriele L.: Garantiert schreiben lernen: sprachliche Kreativität methodisch entwickeln – ein Intensivkurs. Reinbek bei Hamburg 2004.

Schulte-Steinicke, Barbara: Bilder werden Worte. Wirkungen und pädagogische Einsatzmöglichkeiten des kreativen Schreibens. Berlin/Milow 2000.

Schuster, Karl: Das personal-kreative Schreiben im Deutschunterricht. Baltmannsweiler [4]2003.

Steele, Alexander (Hrsg.): Creative writing – Romane und Kurzgeschichten schreiben. Übers. von Kerstin Winter. Berlin 2004.
Waldmann, Günter: Produktiver Umgang mit Lyrik. Eine systematische Einführung in die Lyrik, ihre produktive Erfahrung und ihr Schreiben für Schule (Primar- und Sekundarstufe) und Hochschule sowie zum Selbststudium. 8., korr. Aufl. Baltmannsweiler 2003.
– Produktiver Umgang mit dem Drama. Eine systematische Einführung in das produktive Verstehen traditioneller und moderner Dramenformen und das Schreiben in ihnen. Für Schule (Sekundarstufe I und II) und Hochschule. 3., korr. Aufl. Baltmannsweiler 2001.
Weller, Rainer: Kreative Spiele für die Sekundarstufe. Stuttgart 1999.
Werder, Lutz von: Brainwriting & Co. Die 11 effektivsten Methoden des kreativen Schreibens für die Schule und das Studium. Berlin/Milow 2002.
Wieke, Thomas: Kreativ schreiben: Gedichte. Eine praktische Vers- und Reimschule mit Reimlexikon. Niedernhausen i.Ts. 2001.

Textnachweise

1 Karl Krolow, *Gedicht für J. S.*, in: *Deutsche Liebeslyrik*, hrsg. von Hans Wagener, Stuttgart: Reclam, 1982 [u. ö.], S. 293.
2 Johann Wolfgang Goethe, *Rastlose Liebe*, in: J. W. G., *Gedichte*, hrsg. von Stefan Zweig, Stuttgart: Reclam, 1967 [u. ö.], S. 63.
3 Heinrich von Kleist, *Michael Kohlhaas*, Stuttgart: Reclam, 2003 [u. ö.], S. 3.
4 Heinrich von Kleist, *Die Marquise von O …*, in: H. v. K., *Die Marquise von O … / Das Erdbeben in Chili*, Stuttgart: Reclam, 2004 [u. ö.], S. 3.
5 Johann Wolfgang Goethe, *An die Entfernte*, in: J. W. G., *Gedichte in zeitlicher Folge*, hrsg. von Heinz Nicolai, Bd. 1, Frankfurt a. M.: Insel Verlag, [2]1981, S. 222 f.
6 Johann Wilhelm Ludwig Gleim, *An die Sonne*, in: J. W. L. G., *Versuch in Scherzhaften Liedern und Lieder*, hrsg. von Alfred Anger, Tübingen: Max Niemeyer, 1964, S. 37.
7 Theodor Fontane, *Effi Briest*, Stuttgart: Reclam, 2002 [u. ö.], S. 16 f.
8 Der Text wurde für diese Ausgabe von Andrea Bahrenberg verfasst.
9 Arno Holz / Johannes Schlaf, *Die Familie Selicke*, Stuttgart: Reclam, 1966 [u. ö.], S. 52 f.
10 Diese Schreibaufgabe entstand in Anlehnung an: Joachim Fritzsche, *Schreibwerkstatt: Geschichten und Gedichte, Schreibaufgaben, -übungen, -spiele*, Stuttgart: Klett, 1989, S. 13–15.
11 Nadja Einzmann, *Die Freundin meines Freundes*, in: *Da kann ich nicht nein sagen. Geschichten von der Liebe*, Frankfurt a. M.: S. Fischer, 2001, S. 15–17.
12 Timm Ulrichs, *un-ordnung*, in: *konkrete poesie*, hrsg. von Eugen Gomringer, Stuttgart: Reclam, 1972 [u. ö.], S. 144.
13 Christian Morgenstern, *Die Trichter*, in: Ch. M., *Galgenlieder*, hrsg. von H. O. Proskauer, Bd. 6, Basel: Zbinden, 1972, S. 34.
14 Erich Fried, *Tiermarkt/Ankauf*, in: E. F., *100 Gedichte ohne Vaterland*, Berlin: Wagenbach, 1978, S. 68.
15 Hoffmann von Fallersleben, *Zum 11. April 1855*, in: H. v. F., *Gesammelte Werke*, Bd. 1, *Lyrische Gedichte*, hrsg. von Heinrich Gerstenberg, Berlin: F. Fontane, 1890, S. 110 f.
16 Dieter Burdorf, *Einführung in die Gedichtanalyse*, Stuttgart: Metzler, 1995, S. 55.

17 Theodor Storm, *Meeresstrand*, in: Th. S., *Gedichte*, hrsg. von Gunter Grimm, Stuttgart: Reclam, 1978 [u. ö.], S. 24 f.
18 Sora, Buson, in: *Japanische Jahreszeiten. Tanka und Haiku aus dreizehn Jahrhunderten*, hrsg. und übers. von Gerolf Coudenhove, Zürich: Manesse, 71994, S. 47, 41.
19 Vgl. zu dieser Kreativ-Idee: Günter Waldmann, *Produktiver Umgang mit Lyrik*, 8., korr. Aufl., Baltmannsweiler: Schneider-Verlag Hohengehren, 2003, S. 11 f.
20 Johann Wolfgang Goethe, *Maifest*, in: J. W. G., *Gedichte* (Anm. 5), S. 94 f.
21 Friedrich Schiller, *Das Mädchen aus der Fremde*, in: F. S., *Gedichte*, hrsg. von Norbert Oellers, Stuttgart: Reclam, 1999 [u. ö.], S. 13.
22 Christian Morgenstern, *Das ästhetische Wiesel*, in: Ch. M., *Gesammelte Werke in einem Band*, hrsg. von Margareta Morgenstern, München: Piper, 1965, S. 197.
23 Ernst Stadler, *Anrede*, in: *Deutsche Gedichte. Von den Anfängen bis zur Gegenwart*, hrsg. von Theodor Echtermeyer, neugest. von Benno von Wiese, Düsseldorf: Bagel, 1966, S. 638.
24 Georg Trakl, *Verfall*, in: *Deutsche Gedichte* (Anm. 23), S. 639.
25 Eduard Mörike, *Verborgenheit*, in: E. M., *Gedichte*, hrsg. von Bernhard Zeller, Stuttgart: Reclam, 1994 [u. ö.], S. 65.
26 Johann Wolfgang Goethe, *Beherzigung*, in: J. W. G., *Gedichte* (Anm. 2), S. 67 f.
27 Bertolt Brecht, *Vergnügungen*, in: B. B., *Gesammelte Gedichte*, Bd. 3, Frankfurt a. M.: Suhrkamp, 1976, S. 1022.
28 Ingeborg Bachmann, *Reklame*, in: I. B., *Werke*, Bd. 1, hrsg. von Christine Koschel [u. a.], München: Piper, 1978, S. 114.
29 Karl Krolow, *Sonntagvormittag*, in: K. K., *Gesammelte Gedichte*, Frankfurt a. M.: Suhrkamp, 1965, S. 132.
30 Heinrich Heine, *Das Fräulein …*, in: H. H., *Fünfzig Gedichte*, hrsg. von Bernd Kortländer, Stuttgart: Reclam, 1999 [u. ö.], S. 30.
31 Theodor Storm, *Juli*, in: Th. S., *Gedichte* (Anm. 17) S. 24.
32 Friedrich Hölderlin, *Hälfte des Lebens*, in: F. H., *Gedichte*, hrsg. von Gerhard Kurz, Stuttgart: Reclam, 2003 [u. ö.], S. 101 f.
33 Ernst Jandl, *ottos mops*, in: E. J., *Gesammelte Werke*, Bd. 1, hrsg. von Klaus Siblewski, Darmstadt/Neuwied: Luchterhand, 1985, S. 422.
34 Theodor Fontane, *Herr von Ribbeck auf Ribbeck im Havelland*, in: *Deutsche Balladen*, hrsg. von Hartmut Laufhütte, Stuttgart: Reclam, 1991 [u. ö.], S. 339 f.

35 Wystan Hugh Auden, *Orpheus*, in: *The Collected Poetry of W. H. Auden*, New York: Random House, 1945, S. 158.
36 Joseph von Eichendorff, *Weihnachten*, in: J. v. E., *Fünfzig Gedichte*, hrsg. von Hartwig Schultz, Stuttgart: Reclam, 2001 [u. ö.], S. 61.
37 Wilhelm Busch, *Es sitzt ein Vogel auf dem Leim*, in: W. B., *Und die Moral von der Geschicht*, hrsg. von Rolf Hochhuth, Gütersloh: Bertelsmann [o. J.], S. 801.
38 *Frankfurter Rundschau* vom 17. 9. 1977.
39 Theodor Fontane, *Die Brücke am Tay*, in: *Deutsche Balladen* (Anm. 34), S. 335–337.
40 *Kölner Express* vom 28. 11. 2004.
41 *Frankfurter Allgemeine Zeitung* vom 3. 12. 2004.
42 *BILD* (Bundesausgabe) vom 3. 12. 2004.
43 Johann Wolfgang Goethe, *Die Leiden des jungen Werther*, hrsg. von Ernst Beutler, Stuttgart: Reclam, 2001 [u. ö.], S. 7f.
44 Johann Wolfgang Goethe, *Faust. Der Tragödie Erster Teil*, Stuttgart: Reclam, 2000 [u. ö.], S. 75.
45 *Bonner General-Anzeiger* vom 11. 10. 2003.
46 *Siegener Zeitung* vom 1. 2. 2003.

Folgendes Buch hat uns bei den Aufgaben 3, 11, 12, 15, 18, 37, 57, 60 und 62 als Anregung gedient:

Bettina Mosler / Gerd Herholz, *Die Musenkussmischmaschine. 128 Schreibbeispiele für Schulen und Schreibwerkstätten*, 2., überarb. und erw. Aufl., Essen 1992.

Raum für Notizen